鍾絲雨——著
心靈風水
觀元辰宮入門

—序言—

你知道什麼是元辰宮（心靈風水）嗎？觀靈術之一心宅，或者你已略知一二，但又想要深入瞭解元辰宮（心靈風水），又或者你曾經聽說過元辰宮轉好運（心靈風水）這個名詞，那麼這本書將會是帶領你進入元辰宮（心靈風水）最好的媒介。

如果你剛好對內在探索有興趣，也剛好曾接觸過元辰宮，恭喜你了！這本書你更是非讀不可，絲雨老師集結了過去十多年的觀元辰宮經驗，以柔軟又貼心的服務姿態告訴你元辰宮的奧妙，讓你在探索之餘，順道增廣見聞，習得一技之長。

觀元辰宮這門學問其實早在坊間盛行許久，只是比較默默無聞，以致不是所有的人都知道，自從二〇一三年絲雨老師在命運好好玩節目上介紹元辰宮，所以近幾年來陸續有幾位專家在電視節目上談論元辰宮轉運術，引發人們的好奇心，神祕52區新聞報導的曝光，也讓觀元辰宮這項技術愈來愈廣為人知。

然而儘管如此，大多數的人對觀元辰宮還是處在一知半解的狀況之下，市面上也少有書籍詳細介紹過元辰宮，許多資訊是透過網路的東拚西湊才有，但其中摻雜著不正確的解說和誤解，最明顯的例子就是許多人容易將觀元辰宮和觀落陰混為一談，為免社會大眾對這門技術產生錯誤的看法，也為了讓大家對觀元辰宮有更加正確的認知，絲雨老師出版元辰宮（心靈風水）一書，希望藉由文字的傳達，使大家對觀元辰宮有新的認識，這也是這本書出版的目的。

「好東西要與好朋友分享」，這句耳熟的廣告台詞很貼近絲雨老師的心境，觀元辰宮是多麼棒的內觀工具，既能看過去、觀當下、視未來、下地獄、上天堂，基於四海之內皆兄弟的情懷，絲雨老師當然要不吝與眾人分享了。

絲雨老師出版此書還有一個用意，在於推廣觀元辰宮這項技術，她自訂了一套系統化的學習制度，不管有基礎、沒基礎、初次接觸、多次接觸觀元辰宮的人，都能參與這項系統的培育，在老師的栽培之下進而成為觀靈術的專家。

這本書可以算是觀元辰宮的入門，以淺顯易懂的文字敘述將看似深奧的心靈內觀表達出來，本書也集結了絲雨老師及其弟子們歷年的觀元辰宮個案，也有觀元辰宮的常見問與答，元辰宮各處景點所代表的意義，這些都將在書本內一一揭示，讓讀者一窺元辰宮的神祕。

我們在人世間經歷的風雨，遇到的人生磨難，當你對生活感到疲倦和心情不愉快時，就可以走一趟靈魂居住的地方，在那裡你將感到舒服和安定，除非你沒準備好，否則沒有進不去的元辰宮，只有不願意回家的靈魂。

—自序—

員工總笑我是工作狂，原因是我常工作到半夜，隔日還能神清氣爽地早起工作。有人問我是不是擁有金鋼不壞之身，不然怎麼都不會垮下來？我的一位小助手還笑稱我是金鋼芭比，比變形金鋼裡的柯博文還強。

其實我又怎麼不會累呢？但是我只要想到我很幸福，自然就有動力往前了。

幸福的定義是什麼？在我看來就是要說清楚講明白幸福跟著來。

得到幸福的前提就是要說清楚講明白。我舉感情為例子，不知道大家有沒有過曖昧的經驗？曖昧是一種很曚矓的美，不太遠也不太近，但是你們覺得只是維持曖昧，而不把話說清楚講明白，兩個人就能開花結果了嗎？總要有個人先表白，才有辦法談情說愛下去吧？萬一郎有情，妹無意，說清楚講明白至少不用浪費彼此珍貴的生命時間，當個好朋友也不錯。

以職場為例，公司制訂規章時也要說清楚講明白，若是不清不楚，有模糊地帶，不僅讓員工無所適從，老闆自己也不知道如何帶人吧？

再來若是以家庭來看，父母對孩子的管教也是得說清楚講明白，明確地告訴孩子什麼可以做，什麼不能做。夫妻之間對孩子的教育也該有共識，誰扮白臉，誰扮黑臉，當其中一人在教導孩子時，另一人則不該插手，當然這是在適當的教導為前提之下，不然兩方各執一詞，孩子反而會不知道該聽誰的而感到不知所措。這些都該在事前說清楚講明白，才不會破壞家庭和諧。

若你完成一件要事，卻無法說清楚它的重要，你等於一事無成。這段文字刻在法國的國立橋樑與道路高等工程學院[1*]大門口的那塊石碑上，它簡單闡述了說清楚講明白的重要性。

你可以用長篇大論說清楚一件事，也可以簡單扼要地以一句話表達，但是現代人獲取資訊的管道很多，又加上社會大眾普遍忙碌，所以長篇敍述不見得受青睞，簡單的幾個字就能表達出思想精髓，才是現在的趨勢與智慧。

曾經有位十七歲的小女生名叫蘇意涵，她在英特爾科學展中[2*]，擊敗了來自五十一國的競爭對手，成為歷年的三十六位得主中，第二個被提名的亞洲學生。在一千二百多項作品當中，蘇意涵憑什麼可以萬中選一的拿下首獎呢?表達能力正是她獲獎的關鍵。

蘇意涵只利用了不到五分鐘的時間介紹自己的作品，讓評審們充分瞭解她作品中想表達的精神，而她之所以有如此優透的表達能力，這都得歸功於她自國小開始，每日以三十字寫下日記的功力，這樣的日積月累，造就了她日後說清楚講明白的好本事。

「說清楚講明白幸福跟著來」，我認為有一定的重要性，不管在做人做事之上，含糊不清只會帶來誤會，甚至有可能因而錯過了重要的事。

之前有一次工作上的安排大家沒有說好，等到要發稿的時候卻開了天窗，詢問之下，發現大家異口同聲的說：我以為不用做、我以為他知道、我以為他是這個意思、我以為⋯⋯

三個字「我以為」讓我驚覺事情的嚴重性，每個人都站在自己的角度猜想，卻沒有一個人提出質疑和確認，有了這次經驗，日後在交代工作時我就更注意，也要求同仁不要有任何的「以為」，有疑問就要提出，避免相同的事件再次發生，自以為是往往會引發許多能量上的糾結，產生人與人之間不必要的磨擦。

說清楚講明白就是以免誤會，不論在職場或婚姻上，它決定了未來的幸福。

*1 國立橋樑與道路高等工程學院：法國一所由交通部主管，交通部長和高階官員為教師的學院。其創立宗旨在於幫助學生瞭解國家政策和方向，未來進入交通領域時事半功倍。

*2 英特爾科學展：蘇意涵以「均相沉澱法製備CZA觸媒之探討」，這個實驗主要是要探討燃料電池的觸媒轉換效率。

─緣起─絲雨老師與元辰宮的開始─

絲雨老師自幼就具備靈媒的體質，小時候的她屬於感知型的人物，她可以感受到無形的存在，曾被宮廟師父預言要服務鬼神，接受過訓練，但傳統是這麼說，做為代言人是會剋死身邊所有人，絲雨老師的雙親護女心切，舉家前往日本學習，也因此老師接觸了日本神道教的神子[1*]教導，學習臼井靈氣，保護自己不被無形侵擾。回國後，待在南聖宮－台北行宮學習道家方面的知識同時，也與雙親一同學習美國長生學靈氣。說她多才多藝也不為過，如果老師不說，還真的看不出來她曾經是電腦工程師，畢業於加拿大企業經營研究所，也曾是一名忙碌的OL，也許那個時候的她也沒想過今日會成為一名心靈諮詢老師。

凡走過必留下痕跡，過去的經歷成就了絲雨老師的現在，讓她懂得如何與無形和平相處，甚至讓她有能力幫助別人，觀元辰宮轉運術就是她助人的其中一種工具。

本身因為蘊涵了世界各地不同文化的薰陶，對於這樣的過程有助於絲雨老師的靈性成長較為全球化，同時也幫助她開拓更寬廣的視野。然而除了這樣的學習經歷，她的人生最大的轉捩點就是二〇〇七年在大陸的一場重大車禍，讓她多了靈視力這個外掛裝備[2]*。

應該是天將降大任於斯人也，必先苦其心志，勞其筋骨，這場車禍造成了她的身體左半邊癱瘓，左眼視力從1.0降至0.3，右半邊的腦部還有淤塊，這個時候老師的身體承受著車禍帶來的後遺症，痛苦遍布全身，靈異體質更是有了劇烈變化，家人不堪其擾，幸好老師因為如此開始跟九天玄女娘娘和拉斐爾大天使做了一個很密切的連結，所有系統化的學習也是從這個時候開始整理，而元辰宮也是在這個時期有了較高度的連接。

經過一年半載的復健和對生命的堅持，絲雨老師的左眼視力終於恢復到了1.0，並且也能行走自如。面對這段期間的治療和沉澱，她對靈性成長產生了濃厚的興趣，進行了內觀，整合以前所學的東方命理項目，老師再度踏上了拜師學藝之途，學習了NLP神經語言程式學、東方命理、塔羅、紫微斗數、生命靈數等相關的課程。

觀元辰宮調整心靈風水一直是絲雨老師內觀自我的重要工具，當年那場無情的車禍，帶給她的除了是身體上的傷痛，她的精神其實也是處在雨風飄搖的狀態之下，可是她的表意識並不知道自己的內心已出現了狀況，所以當她進入自己的元辰宮時，她才有了危機意識，她的心宅元辰宮示現了該注意的問題和健康，當然在那個當下是馬上進行了調整，一段時間後絲雨老師的身體漸入佳境，心靈方面也有了較為穩固的正向能量充實。

絲雨老師執業迄今，觀元辰宮調整心靈風水，對她而言已不僅僅是觀元辰宮，更是已經融入她的骨血之中，與她有密不可分連結，因為一場人生的變故，將她與她的心宅元辰宮有了緊密的結合，以致於現在的她不只做心靈諮詢，還有開班授課。

每當面對形形色色的客群，有很多人羨慕老師能夠通靈，也請教她該如何做才能擁有通靈的能力，靈通力是每個人與生俱來的，但是社會環境的教育關係，壓抑了許多本能天賦，以致於人類在求生存上，遺忘了這個能力。老師認為許多人渴望有這個能力跟靈界溝通來彰顯自己的能耐，其實背後都有著非常艱辛的另一面，自身問題沒解決，卻想改變世界，還不如學習一樣助己又利人的工具，觀元辰宮調整心靈風水就是很好的助人踏板，既讓自己得益，也讓身邊的人幸福，老師鼓勵每一位學員成為幸福小衛星。

「並非只有通靈這個選項才能幫助人，取得能量守衡才是應該重視的事」，這是絲雨老師的看法，也是她個人的經驗談，於是她潛心在觀元辰宮調整心靈風水轉運上面，每一次的個案累積，就是無形中提升她自己的靈性能量，同時還能夠替客人將負面的磁場淨化。

記得有一次老師做完一整天的個案，晚上又做了團體說明體驗會，現場示範調整厭食症患者的心靈風水，讓已經學習過的學員親眼見證，何謂靈魂意願？老師在演繹示範後，雙掌竟然全部發黑，旁邊的小祕書與多位學員見狀很是驚嚇又心疼，老師卻只是一派輕鬆地說：「陪我出去走一走吧！」

這一走就是兩個小時，老師打著赤腳行走在湖邊的人行道上，她說這是為了要接地氣淨化體內的負能量，每次完成個案就是能量的消耗，結束後自我清理是很重要的環結，這麼多年來，絲雨老師都是如此重複接收和釋放。

隨著老師的經驗累加，數據性的歸納整理，突然某一天，一個契機、一位志同道合的朋友、一份幸運，「幸運女神事務所」誕生了。

提及公司的名字，老師莞爾一笑，道：「靈感是從日本漫畫幸運女神而來，我單純的希望任何人來我這裡，都能得到幸福和幸運，對一般人而言講靈修實在太飄渺，談幸福比較實際。」

其實在經營「幸運女神事務所」之前，觀元辰轉好運便一直是絲雨老師的重點諮詢服務之一，直到現在，絲雨老師不只親身服務也執起教鞭，將觀靈術傳承下去，所以她在台灣和大陸栽培了不少徒弟與學生，每年往返兩岸數十次是家常便飯，她卻樂此不疲，有人笑問：「妳這麼拚命到底是為了什麼？」她卻說觀元辰宮心靈風水已經不只是她的工作，更是她這輩子的傳承使命，她認為自己有義務將這門學問推廣出台灣，甚至是全世界。

「靈魂的成長不在於我們想不想，而是必定會發生，所有的改變與發展都是靈性提升的福祉，幸福也是必然會有，我純粹地希望能幫助所有的朋友找到幸福的蛛絲馬跡，最終，每個人都可以找到自己的內在力量。」這是絲雨老師對心靈成長的期許，她不過份強調空靈的意識形態，而是期待能與務實兼具，當心靈與物質兩者兼備，人生才是真正的圓滿。

*1 神子：巫女。

*2 靈視力外掛裝備：正常人一般可視範圍光波三百－七百之間，三百以下是紫外線，七百以上是紅外線，絲雨老師可視範圍在前後一百之間。

—為什麼絲雨老師推崇元辰宮這門技術？—

每年絲雨老師在台灣會開兩次元辰宮的學習課程，在大陸每個月都有開課，她開辦這堂課的目的無非是為了讓這門技術發揚光大，有更多人除了自身受益外，還能推己及人，帶給周遭的人幸運和幸福。當然還有一個原因，老師將自己比喻為移動式宮廟，來去自如，她不需要像八字、紫微斗數、手面相那樣帶著一堆工具在身上，唯獨元辰宮可以自由移動，只要學習技術純熟，就可以輕鬆的達到內觀，進而幫助或影響到周遭的人，當一顆幸福小衛星。

當我們的內觀修行到更深一層的境界，就可以達到惠能大師的六七因上轉，五八果上圓的境界，「六七」就是我們講的眼、耳、鼻、舌、身、意念，第六個意念部分，七就是末那識，有些人會把末那識看成具生我執，就是很頑固的我執。

意念和末那識可以透過想法轉換念上轉，當你可以開始做這樣一個念上轉換累積時，就可以進到更深一層的「五八果上圓」，第五就是身識（身體），第八是阿賴耶識，這兩個是可以達到果上圓的，我們的成就可獲得這方面的圓滿或調整。例如許多高人可以穿牆術，可以輕盈的在懸崖峭壁間移動，或是身體等比例的縮小，甚至是虹化現象，都是第五識的成就。

以絲雨老師自身的例子就是二〇〇七年的那場車禍，左半邊癱瘓，在慢慢復健的過程中，先從意念的部分做一個轉換，然後身體才會恢復到現在正常的狀態。很多修為頗深的上師，在修行過程中也是不斷地在轉換意識，能夠做到隔空取物，甚至是二十五年只吃空氣就能生存的食氣者、超能力吸附物體、特異功能，佛法的修練告訴人們，透過心性的提高，道德修為的提升，返璞歸真，人的本能就會再現。所以我們如果潛心於內觀，終有一天也是能有所悟道的。

不可諱言，不少學員來學習是抱著賺錢的心態，這種想法也沒有錯，絲雨老師直指在心靈獲得滿足時，物質生活也能有所提高，剛好元辰宮可以同時滿足這兩樣條件，除此之外，元辰宮觀的是「當下」的狀態，人生最應當把握的是什麼？恰好就是這個「當下」，這也是為什麼老師長久以來所推崇的原因。

「當下」為何如此重要？如果你現在都過不去了，又如何談論未來呢？觀元辰宮調整心靈風水的技術學習是有系統的，操作也非常簡單，難度在於如何持之以恆、不厭其煩的回心宅打掃，毅力不足是現代人所缺乏的，在這背後的原因也許是工作繁忙，生活壓力大，導致心有餘而力不足的現象產生。如果撇除這些因素，專注在內觀上，一旦學會了如何進入自己的潛意識，隨時隨地都可以回心宅一趟，看看自己的當下是否哪裡需要加強，或者欠缺了什麼配備，心靈風水元辰宮都能隨時調整。

人的心境每分每秒都在變化，而這份變化就會影響了內在的心靈風水，有學員每天進去調整，但可能會遇到一種情況，明明昨天調好了，怎麼今天又打回原形了？因為心情改變了內在的心靈風水，所以才會一下子有風光明媚的風景，一下子是烏雲密布，不過這些心情上的轉變皆可以從元辰宮調整，把不好的拿掉換上好的進來，只要打從心底願意轉換，在元辰宮裡沒有什麼不可能。

絲雨老師曾有一個很可愛的個案，她一心想要減肥，但效果始終不彰，於是找上老師希望探究一身肥肉無法減掉的原因。老師運用元辰宮這一個工具，帶領她進入潛意識裡，這才瞭解她為什麼瘦不下來的原因，原來她打從心底就輸入了一組「我是快樂的胖子」程式，肥胖根本是她快樂的根源，只要潛意識裡接收到一點點想要變瘦的訊息，她的潛意識防火牆機制馬上啟動，阻絕任何瘦身的可能性，最後在老師的協助下將這一層防火機制打掉，這名個案也終於如願以償地瘦下來。

潛意識這種東西很玄妙，元辰宮正好位在心靈最深層的地方，需要專人引導或經過特殊的學習方能順利進入，老師遇過想瘦身的、追求金錢的、求桃花的，這些日常生活中常見的問題其實都和潛意識有關係，如何調整內在的自我意識，元辰宮就是一個很好的工具。

絲雨老師學習過各類命理技術，網友好奇的問：學習哪一種比較好？絲雨老師主推觀元辰轉好運，隨時可以輕裝上陣，只要你願意，簡單明瞭好學習，也可以全方位照顧，無論是在感情、財運、事業、升遷、考試、健康等各方面的狀況，觀元辰宮是能經由內在的投射反映出現狀，當我們真正願意替自己負責時，我們就會向內審視，找到自己需要改善的意識框架，並做出努力，我們的外在就會改變和得到豐盛。

通常我們在學習一項新的事物時，有可能是學寫程式、學美工軟體、學打字、學架設網站，這些課程的學習非一朝一夕就可以完成，但是絲雨老師的元辰宮課程卻不需要花費太多的時間，也不需要具備任何心理諮商基礎，更不需要有證照，唯一所需就是深入觀照自己的內心世界，承認自己的存在，並且有一顆願意改善現況的心，只要這些簡單的條件，任何人都能夠有的條件，元辰宮就是這麼簡單！

我們都知道一樣米養百樣人，世界是無奇不有，什麼樣的人都有，偏偏有一種人來自鐵齒世家，抱著踢館的心態來找絲雨老師，他們不是不相信老師的能力，而是對任何稱之為「老師」的人都不輕易相信，可是他們又的確遇到困難，需要一盞明燈指引，在死馬當活馬醫和半信半疑的情況下，前來尋求協助。這類人的姿態一開始會擺的很高，老師服務過太多個案了，自然也見怪不怪，秉持著能幫就幫的精神，推薦客人嘗試觀元辰轉好運心靈風水諮詢，因為這是一個最快速、最有效的工具，讓客人親自進入自我的潛意識層，通常這種心靈療癒最準確，也最能依據當下議題化解狀態。

有部分的人原本是絲雨老師的客戶，在接觸元辰宮的後覺得顯化特別快速，就萌起了學習的念頭，而老師的原意也是希望大家從體驗者變成治癒者，療癒自己的同時也能療癒別人，心宅觀元辰基礎上提供了一個內外兼備的途徑，不必花無謂的時間走太多冤枉路，或許不是每個人都想成為這方面最厲害的專家，也不一定每個人學習之後就會靠它謀生，然而心靈風水元辰宮真的是一個不可多得的好方法，將看似深奧的內觀變為人人皆可為之的自我調理工具，每個人都能輕易上手，還有什麼比內觀元辰宮心宅更值得學習的呢？

早期絲雨老師開辦觀元辰宮課程時，有一定的名額限制，並且需經過九天玄女娘娘的過濾心性考核，要五毛給一塊，一定會落榜。篩選晉升也並不是拿著錢來報名就一定能來上課，曾經有人拿著大把的現金來到開課現場，依然被老師的助理請回，一切端看機緣是否足夠。

記得有一位長期定居在日本的學員，幾年前就報名過學習觀元辰宮，可惜的是他的資歷與心性並沒有通過，一直到二〇一七年的第十六屆他才如願報上名，相較早年的情況，現在的學員就幸運許多了，已經不必再需要經過重重的考核，只要有意願和手腳夠快（因為名額有限），通常都能參加觀元辰宮的課程。

在觀元辰宮的領域，人人都可以成為優秀的觀靈師，你不需要有異於常人的靈性體質，也不必有什麼陰陽眼，當然更不需要有什麼天賦和慧根，你只要放下我執，做一個

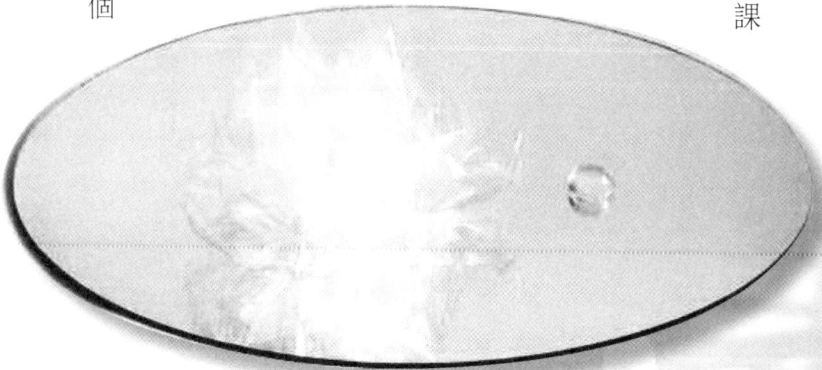

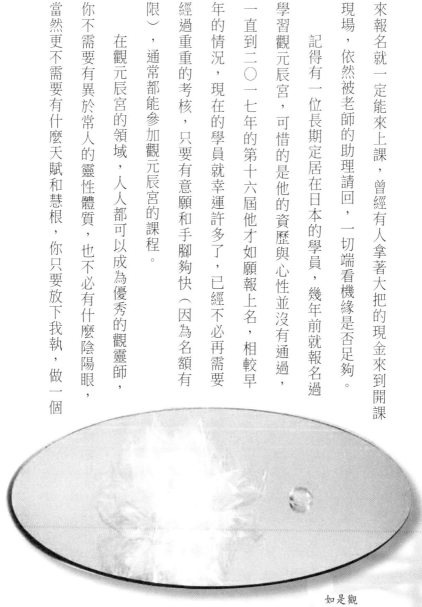

獨立思考者，在疑問當中提出質疑，但是前提是你真的不是來玩的，而是認真的想學習，那麼，觀元辰宮這門技術就真的很適合你。

絲雨老師始終只有一個理念，就是帶給每個遭遇困境的朋友幸運和幸福，如果你正好想開創新的格局，觀元辰宮也許就是最好的選擇，只要你願意！

目錄

壹 歷史緣起

壹 歷史緣起

●一 身是菩提樹，心如明鏡台，時時勤拂拭，莫使有塵埃。

心宅元辰宮是觀靈術之一，又稱心靈風水，源自隋朝末年的北宗神秀大師，距今有一千三百多年的歷史。神秀大師乃佛教禪宗五祖弘忍的首座弟子，少年出家，曾以「身是菩提樹，心如明鏡台，時時勤拂拭，莫使有塵埃」一偈，表示對佛法的理解，而正是這首偈衍生出我們所熟知的心宅元辰宮。

神秀早年便學習經史，直至五十歲時到弘忍處求法。他從一名雜役做起，每日打柴、挑水，日復一日，如此六年。其師弘忍見他刻苦耐勞，從不埋怨喊苦，日漸器重，稱他為「懸解圓照第一」和「神秀上座」。

據傳弘忍因年事已高，欲擇一弟子傳承衣缽，命弟子們各作一偈以論佛性，神秀便是在這個因緣下寫下了流傳後世的四句偈。弘忍死後，神秀大開禪法，聲名遠播，武則天因久聞其盛名，故召他來長安說法，那時的神秀已是九十餘歲的高齡。直至唐中宗即位，神秀更是備受禮遇，於圓寂後由弟子繼續發揚其宗風，後世稱其法脈為北宗禪。

神秀的禪宗思想以「心體清淨，體與佛同」立說，因此他把「坐禪習定、住心看淨」做為一種觀行方便。我們再從「身是菩提樹，心如明鏡台，時時勤拂拭，莫使有塵埃。」這首偈可看出神秀大師是從身與心的角度來闡釋本心般若之性。本心般若之性即「淨圓覺」也，也就是一定的離身心幻垢，這似乎與佛陀的見解有所出入，神秀大師從「人」的層次看眾生，說明人有生有滅及善惡分別。

「身是菩提樹」即代表有聚有散、有生與滅；「心如明鏡台」可照見各種起心動念，此念有善惡之分，一念天堂或一念地獄；「時時勤拂拭，莫使有塵埃」表示人的身與心需要經常擦拭，好比身是道場心是佛性，兩者若蒙上污塵又豈能明心見性？神秀大師的四句偈無非是教育人可以從根本打理好自己，把人的本份做好才能再來談論其他。

曾經有個個案，老是幻想自己是一隻能夠翱遊天際的老鷹，他排斥身為人的自己，一心追求像老鷹那樣的自由，殊不知連人的本份都做不好了，又如何能夠成為領導象徵的老鷹？既然身為人就理當守好做人的分寸，最基本的就是將自己由內至外的打掃乾淨，保持明亮透淨的身與心，自然不受外界紛擾所苦，而這也是元辰宮存在的本心。

其實塵本存於外，心常住在內，追求心靈上的平靜需要時常拂拭，心靜自然無塵；若是塵常住於內，心卻老是往外追求，久而久之心境藏污納垢，沒有回歸本心，心靈自然無法平靜。無須畏懼心中有塵，也無須外求心外的平靜，塵本是心，一體兩面，如同色即是空，空即是色，有塵即有修心，修心源於有塵。

神秀大師講求修身養性，以人為中心點向內觀其心，佛家講究萬物在心，追求修心，究其本源其實就是一種修行，將身體當成一棵菩提樹來修行，悉心照料灌溉，把心靈看作一面明鏡，唯有勤勞打理，自不為外物所動。

元辰宮（觀靈術）之次元空間、時間向量軸

次元，又稱維度（維數），在物理學和哲學的領域內，指獨立的時空座標的數目。我們存在的宇宙是由時間和空間所構成，也可以看作整個宇宙其實是由多維度所組成，目前科學家推論有十個次元空間，由零次元開始依序往上推至九次

元空間，人類則生存在三次元的空間裡。

零次元是一個點，沒有長度；一次元是一條線，只有長度；二次元是一個平面，由長度和寬度所形成的面積，也可以看作由四個點加四條線所組成的次元空間；三次元是二次元加上高度而成的「體積面」，我們所在的空間就是由長、寬、高構成的三次元，在這個次元裡是3D立體的，入眼所及的人、事、物不會是平面的，這讓我們的世界帶來了生動的色彩。三次元空間跟四次元空間的差別就在時間的變量，一次元是二次元的投影，三次元是四次元的投影，投影的能量關係會決定現實能量關係的根本內涵。

你看到的人是立體的，你吃的食物也是立體的，你使用的手機、拿的錢包都是立體的，這就是三次元的世界。生活在二次元的居民是看不見三次元空間的人，但是三次元的人卻可以看到二次元的生物活動。如果透過後天的修練，三次元的人可以看到四次元、五次元甚至是六次元以上的事物，這也是為什麼有些人可以看見一般人看不到的東西。

心宅元辰宮基礎位在五次元以上的空間，有別於我們所處的三次元，它來自更高的次元，反映的就是第三次元的狀態，也就是第三次元的投影，可反射出現實生活中的狀況，金錢、愛情、健康、貴人運的順遂不順遂，甚至前世都可從元辰宮當中追溯。

元辰宮的時間向量軸非常廣闊，可以看到現世當下的狀態，也可以看到前世的經歷，甚至是上觀天庭，下觀地獄和預觀未來。往往我們會發現許多華人喜歡跟往生者或寵物溝通，較傾向探究過去的事情，會比較自省，想知道為什麼這輩子會這個樣子，是不是上輩子做了什麼事才導致今生的因果？

相較於華人，大多數的西方朋友較積極進取，比較喜歡看未來和跟天使溝通，這個部份跟華人有滿大的差異，也可以說他們較為豁達樂觀，既然都是忘記的事了，就算不想憶起也沒關係，最重要的是把握現在和未來。

元辰宮之前世今生

滿多個案從元辰宮瞭解到自己的前世，曾經有個案疑惑自己今生為什麼感情總是不順？結果從主臥房裡看到自己的某一世是僧人，個案再透過這個前世將自己帶到一間廟。

很不可思議的是，那間廟宇正是個案曾於夢中見過多次，他曾試圖尋找卻一無所獲的廟宇，結果竟透過元辰宮回到了夢中的廟，他也才總算明白前世自己曾發下苦世人所苦的大願，因而造就今生感情不順的原因，這都是要讓他體會世人經歷的苦。

許多人對自己的前世感到好奇，然而前世究竟是什麼？前世其實就是一種時間向量軸的概念，這樣的論點其實在科學上已被證實，在元辰宮裡因為超脫於三次元的控制，所以我們可以回到過去，去到未來，而並非只能停留現在。

絲雨老師栽培了許多滿優秀的弟子成為觀元辰宮執行師，其中有一名老師曾在帶領個案時，個案在元辰宮內遇見了前世的自己，並帶著他回到前世的場景。

個案看到自己年約十歲左右，是富貴人家的孩子，他躲在樹後面想嚇一個小女孩，當畫面看到這裡，個案一眼就認出那個小女孩是她想挽回的前男友，當下心裡湧起一股悲傷，不由自主地流下眼淚。

有時候在做個案的時候的確會遇到這種狀況，因為是自己的前世經歷，那種刻骨銘心的記憶已深深烙印在靈魂裡，所以在看到熟悉或揪心的畫面時，就會有想哭的情緒。

畫面再一轉，個案看見自己成了郡王，即將大婚，當初的小女孩說好聽一點是被他封為側妃，說不好聽一點就是妾，在那種封閉的時代，就算成為皇族男子的側妃根本進不了族譜，其地位待遇遠不比正室，其實是滿心酸的。

郡王由於身份地位的關係，必須另娶門當戶對的女子為郡王妃，側妃即使傷心，仍是恪守禮教幫心愛的男人穿戴衣物，好讓他風光地去迎娶。

接下來個案看見那名側妃臥病在床，郡王去探視她時心裡頗是百感交集，他非常後悔沒有好好珍惜眼前的女人，平時老是對她不理不睬，對她也沒有特別喜歡，但直到此時此刻他才突然感覺到她的重要性，不過都為時已晚了。

個案看到這裡時淚如雨下，她想到和前男友交往時也是並沒有特別善待對方，分手或交往她總是無所謂，但當對方提出分手時她才驚覺不能沒有他。

前世出現在元辰宮裡的例子並不少見，通常會出現一定有其他的原因，就像

元辰宮之預觀未來

凡走過必留下痕跡，前世的自己不會無緣無故顯現，有可能是當下遇到了什麼難題，需要藉由前世尋找問題的根源才知道該如何解決。

這名個案因為前世不懂得珍惜最愛的人，結果抱憾終生，所以今生透過元辰宮提醒她，不要總在失去後才來後悔，悟道總在痛徹心扉後，她也因此明白珍惜這個當下。

在心宅裡，在不同的位置顯示的前世今生都有著不同的議題，比如大廳與社會大眾、社會關係有關；在主臥房就跟感情有關；在廚房就跟財運有關；在書房與事業和靈性天賦有關；在花園就和健康有關，因此處理的方式也都不一樣。然而總括的說，均能夠喚醒人們本能式的療癒力。

元辰宮不僅可以觀前世和現在，也可以預觀未來。曾經有個女孩想知道何時才能遇見真命天子？經由元辰宮預知了地點、時間，果然時間一到，她如願遇見了真命天子。除了預知未來的感情對象，還可以預知未來的事業、財富甚至壽命長短皆能從元辰宮探知。曾有一名個案想知道工作上的人事該如何安排，進到書房後去翻了無字天書，書本上出現了幾個公司同仁的名字和應當如何安排的職位名稱，回去後個案照元辰宮所見下去分配職位，沒想到當運作起來時成效如此的好，大家各司其職，互相配合的天衣無縫，讓個案可以無後顧之憂的在外開創業務。

由此我們可以明白，元辰宮就是一個可以拉長我們對於時間向量軸的概念，無論是過去、現在、未來，都可以自由來回穿梭，不受限制。

元辰宮之觀落陰

前面已經提到，華人相當重視與往生者的對話，有可能是親人或朋友突然驟逝，走不出傷痛，透過元辰宮可以和往生的親朋好友連結，也許對方有什麼話想傳達，又或者雙方經由這樣的方式見面可以讓彼此放下罣礙，了卻一個心願，當心中的掛念放下了，對現在的人生也較能夠有新的開始，未來也能得到一個好的發展。特別是現代人不養孩子改養寵物，對待寵物如同親人般，因此往往割捨不下那份親情，也會去探尋往生的寵物身在何處。

曾經有個案是做寵物中途之家，他的運勢非常的低迷，做生意也遭困境，來到了絲雨老師面前調整元辰宮時，發現在他的元辰宮大殿內，有許多已經往生的寵物，他非常驚奇，潸然淚下，每一個經他之手往生的寵物全部卡在他的大殿內，能量守衡原則，在靈魂不願意安樂死的情況下，遇到這種事情，我們只能盡力懺悔，協助客人悼念與化解。當然也有貼心的寵物只為了守護主人而存在，所以會幫牠的主人挑選另一半，不合格的就會從中作梗，當主人知道彼此的心意，用純粹的愛，善心善念的溝通，放下心中的掛念，也能迎來美好的人生。

觀元辰宮和觀落陰是兩件不同的事情，常常令很多人搞混，兩者的差別在於一個是向內觀，一個是向下觀。就我們所知，觀落陰是一種道教的法術，需要在雙眼前面圍上一條紅布，端坐在香案之前，身旁還有道士搖著鈴鐺，隨著道士的引領到陰曹地府與往生者相見，訴說自己心裡的不捨與遺憾。還有另一種形式是往生者的魂魄透過道士的作法，從陰間提引至陽間，再附在道士的身上，讓在世之人得以透過道士與往生者對話。

探訪陰間過程中，如果巧遇鬼魅魍魎而受到驚嚇，案主的三魂七魄可能會因此失了魂魄，嚴重者會導致失神（俗稱回不來）的現象。

觀元辰宮轉運需要專人帶領，不過帶領的人不需要道術上的專業，也不一定要在雙眼前矇上紅布，只需在有系統的學習之後，睜眼也能進入元辰宮，十分安全也穩定，不必擔心會不會有危險，這是和觀落陰最大不同之處。

探元辰宮的位置是靠近天庭（天堂）道家稱心窩處下三寸，五次元意識空間的位置，調整心性內在，顯化展現磁場正能量，從而明白自己的主運勢（大廳）然後調整改變，以期達到觀元辰轉好運，趨吉避凶招財招桃花、文昌功名利祿晉升、斬爛桃花與催子等目的。

古今中外的相似技術

在東方有觀元辰可以預知未來；在西方則以水晶球占卜未來。水晶占卜的歷史可追溯至約公元前兩千年之前，由一個稱為德魯伊的人所使用。在凱爾特神話中，德魯伊代表的是一個崇高的地位，而不單單指一個人名，很多人都想成為德魯伊，但卻不是每個人都有能力坐上這個位置。德魯伊具有與眾神對話的超能力，他不僅是宗教先知，同時也是醫生、教師、魔法師、占卜者、詩人與法官，擁有極大的權力及備受眾人尊敬，更甚者，有時權力還超過王權。

水晶球占卜是一種既古老又神祕的占卜之術。為什麼以水晶球來占卜呢？因為其球形體表示為一種「圓滿」，對於任何事情的追求只求一個「圓滿」，這也是靈修上所求的終極目標。球又等於求，所以有「有球必應」之含意，再者水晶球是天然的寶石，結合天地靈氣因而具有強大的能量，自然而然就成為占卜的第一工具。

及至中世紀時期（公元前五百年至一千五百年）的歐洲中部，有某部份的占卜師以其他種類的水晶球占卜過去、現在和未來，加上神祕的卡巴拉生命樹用來連接上蒼、上主，連結現在、過去和未來，因為它是宇宙形成的過程，其縮影會顯化在水晶球內，此種類的水晶球因其透明度而被稱為自然的寶石。早期水晶球由一種名叫綠柱石的晶體製成，但是演變至今日，占卜師們更偏向以無色水晶取而代之。

水晶球占卜包含工作、愛情、婚姻、金錢、旅行這幾類，占卜師透過水晶球呈現出來的畫面進行解讀。水晶占卜和觀元辰問事由來已久，兩者雖屬不同的文化範疇，但其本質都是替人們解惑的同時追求圓滿和幸福。

貳 元辰宮是什麼？

天市
天廚
艮
丑

貳 元辰宮是什麼？

元辰宮又稱心靈風水或心宅，是我們靈魂居住的地方。元辰也叫元神，是最原始的那個我，自性裡最初的我。八字裡面的日柱就是我們的元神，會跟流年、星宿有關係，這也是為什麼我們要調流年大運。

人活在這個世界上有血肉之軀，住的房子叫做陽宅；至於我們的靈魂也有一個存在於內心的居住場所就叫元辰宮。元辰宮和陽宅一樣，有大廳、廚房、書房、主臥房和花園，每一個景點都代表著不同的含意，我們內化的顯像（也就是內在），比如當你在金錢上有所困頓之時，現實的生活上也會有漏財的問題出現時，不難發現普遍的現象是廚房的後門敞開所導致，所以我們會通過調整元辰宮心靈風水，也就是內在的意念在當下做改變，達到內在能量顯化，對外顯環境有所改善，唯有當現狀變好了，未來才能變得更好。

再更進一步說明，心宅元辰宮就是一個能量空間，它是一間房子，這間房子的呈現有時是別墅、茅草屋、三合院、四合院、城堡、小木屋、宮殿、冰屋、山洞屋、海上屋、船屋、哈比人屋等等，也有可能它就只是座涼亭，心宅元辰宮的外觀可以是任何模樣，它沒有像陽宅那樣有一定的外形規範，有時候甚至會超出我們的想像。

在心宅元辰宮裡，它的每一個景點的風格可以一致，也可以不一致，可能大廳走傳統路線，但進到臥房卻是浪漫的歐風，廚房偏向現代化，這種多變的風格在陽宅也許不多見，但在元辰宮卻是非常普遍的情形，它沒有一定的規矩或規範，它就是按照我們對當下的議題、現狀、信念去呈現而已。

透過進入更高維度次元空間靈魂居所，可以看出這個人的運勢等人生狀況並做調整，以改變三次元空間裡的狀態，這就是觀元辰宮轉運法門。

三次元空間是我們肉身身處的地方，我們觀元辰宮就是要超越三次元去到元辰宮所處的次元，透過在元辰宮裡觀到的情況做相對應的調整，其顯化的成果會讓在三次元空間的我們有所改變，這個改變有可能是一點點，也有可能很大，每個人的顯化程度不一樣。

所謂的顯化成果並非觀完元辰宮就沒事了，在現實生活中，是絕對需要配合調整自己，例如飲食、作息、運動還有其他客製化作業，更是我們要拿出實際作為去改變，如此才能助力顯化。

每個人每次進入元辰宮所看到的景象會不同，格局的大小代表財富福報規模，每個景點代表人生不同的面向，學習觀元辰宮的好處就是自己就可以替自己改變命運的走向。

元辰宮改運絕非無稽之談，它改的是內在根深蒂固的意念，以內在修整的方式進而影響外在行為。有一句話是這麼說：個性決定命運。就像絲雨老師經常說的：修身、齊家、治國、平天下，修身是修正自己的行為，才能做到家庭和樂，和諧相處；在這裡的治國並不是要你管理一個國家，而是泛指一切你的事業，你的王國；平天下是讓你與大自然宇宙之間平和平靜，甚至是涅槃的境界，就是自在安樂不生不滅的概念，達到梵我合一境界。事實的確如此，唯有個性調整了，命運之輪才會跟著啟動。我們從知命，知道自己的命運；認命，承認自己的命運，臣服於自己的命運；創運，創造自己的命運，不同階段都是個歷程。

元辰宮的所在位置若以元辰宮為中心點向四邊分布，上方是觀天庭（天堂），下方是觀落陰（下地獄），往左是觀過去（前世），往右則是觀未來（來世）。

如下圖所示：

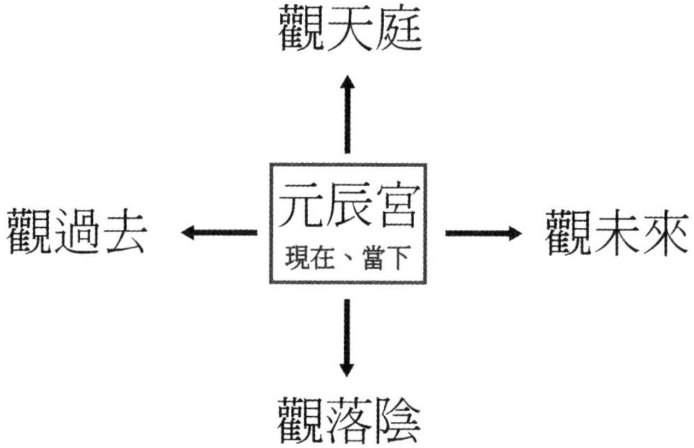

元辰宮觀看的是當下、現在，比較能切入現實層面，通常是人生遇到瓶頸才會尋求心靈諮詢，我們透過元辰宮去觀看當事人現在遇到的問題是什麼，絲雨老師到目前為止的個案數已經有上萬人，也辦過千人的元辰宮大法會，大多數的個案來觀元辰宮都是因為感情問題，比如挽回感情、老公有沒有外遇，若是已經出軌了，該如何杜絕這樣的情況繼續。女人對另一半有異常時特別敏感，會前來諮詢肯定是感覺到有什麼不對勁才會來，而這些狀況在元辰宮裡是一覽無遺，有沒有小三，一觀元辰宮馬上就能知道。

元辰宮是內在投射出來的世界，我們想要什麼樣的生活，要有什麼樣的生活品質，都是由元辰宮做出一個鏡像反射。元辰宮有五個基本的景點（大廳、廚房、書房、主臥房、花園），這些景點裡面也會有一些基本的擺設，有的人可能是走現代風，也有較為傳統的格局，當然也有較西式或日式的風格，每一種風格可能不是個人的喜好，但都代表著個案對於相對議題上的個性，當然也有個案是允滿著高科技的配備，調整心靈風水的當下就知道個案對於某方面事情的處理態度。

心理學家常以畫來解析繪畫者的性格，而元辰宮的風格擺設就像是一幅畫，也是能從中看出這個人是比較傳統還是外放。我們舉大廳為例，這裡也許會有沙發、小茶几、鞋櫃或是電視，也有可能什麼傢俱都沒有，就像沒人住的樣子，冷冷清清。光是一個大廳就可以知道個案的現狀有遇到什麼難題，如果長期運勢衰弱，元辰宮的大廳肯定能看出端倪。

對於已逝的親人、寵物、嬰靈或是其他需要被解決和化解的事情，也有可能在大廳出現。至於主臥房的部份是掌管感情，也是普遍大眾相當重視的景點之一，我們可以從床的樣式、高度、顏色、枕頭得知這個人的感情狀態和對感情的觀點是否表裡不一。許多未上過正規課程的人，很容易以單向來判斷一個人，這是不公平的，我經常在課堂上說，必須要用整體考量法，並依照正確的程序來調整，這樣當事者的受益是最大的。

大家比較感興趣的就是財運，元辰宮的廚房就是和金錢相關的景點。有些人花錢如流水，錢財左手進右手出，怎麼也存不住錢；有些人投資運不佳，買哪一支股票就賠哪一支，似乎天生就是一個散財童子，根本沒有投資運；又或者總是有小人劫財，一個人要養一大票人卻怎麼賺錢都不夠用，把自己累個半死，賺來的錢都給別人。在廚房我們除了可以看出這些問題，還能知道自己究竟有沒有當老闆的命，能請多少員工，這個部份都是從廚房去進行調整。

另一個讓大家感興趣的是感情，有學員在元辰宮的課後練習觀元辰宮，進到臥室看見一名身穿紅衣、留著長髮的年輕女子，差點沒把他嚇出心臟病來，他以為自己在元辰宮見到鬼了，但是深入瞭解後才明白那名女子是他前世的一位很要好的朋友，兩人當時因為一些誤會反目成仇，這名女子會出現在他的元辰宮，就是為了與他冰釋前嫌，最後兩人柔性溝通，再相互擁抱後，紅衣女子就帶著釋懷的笑容離開了。

可能是受電視、電影的影響，一般人對於穿紅衣服、留長髮的女生就定義為鬼魂，然而在元辰宮的世界卻不是那麼一回事，所以各位若是有機會進入元辰宮，然後又遇到相同的狀況，請先冷靜，不要自己嚇自己，好好跟對方溝通，瞭解來意，一切都是有法可解。

元辰宮的書房與升遷、事業、考試有關，若想在學習上更穩定、精進，就是要調整書房。如果是過動兒、自閉兒、亞斯伯格症、特殊狀況的孩子、唐氏症、弱智，都可以在元辰宮的書房採取適當的調整，來改善整個家族的生命議題。書房還有阿卡西記錄和無字天書（生命天書），很多人都想知道我來到這個世界的使命是什麼，我的天賦是什麼，我的真命天子長怎樣，我可以活多少歲，我要如何突破現狀，這些問題的答案都可以透過翻閱無字天書找到解答。

生命花園掌管健康，在這裡也可以知道貴人運的好壞，也有滿多的客戶很關心小孩子的健康，那我們就會請他去看子嗣叢，這些都屬於花園的部份。現代人對養生日漸重視，在擁有財富和感情之外，最希望的就是有一個健康的身體，所以我們在這個地方可以看出身體是否有哪裡需要多多注意，也能提早發現一些還未知的狀況加以預防，許多罹患癌症與腫瘤的學員也有留意到與身體的使用習慣習習相關。有學員肩頸長期痠痛，學習完觀元辰宮後回家自行調理了一個月，再搭配適當的伸展操運動，肩頸疼痛的情況就漸漸改善了。

元辰宮不是一勞永逸的工具，千萬別想著只調整一次就能得到全方位的效果，這是天方夜譚，不可能的任務。試想我們居住的陽宅都需要定期的打掃了，元辰宮同樣也是，要時常回來維護環境的整潔，看到哪裡髒了、破了就要馬上整理，也別以為一年掃個一、兩次就能高枕無憂，天底下沒有那麼便宜的事，我們的心境受外物影響，一不注意就陷入憂鬱的情緒之中，這時候走一趟元辰宮就可以轉化心情，因為元辰宮是內在的能量，這股內在就是心靈，當心靈的磁場變得穩定，自然顯化於外的就是好的，這一點是無庸置疑。

觀元辰宮其實運用了多種技術，有認知療法、NLP大腦神經語言程式，溝通的部份會使用到零極限、宇宙法則、企業諮商六合分析法（5W1H）[1*]、薩提爾[2*]，還有每個人的宗教信仰和吸引力法則，所以元辰宮的能量改變是很自然，在引導的過程裡面普遍認為是引導的技術，依照自己的狀態做適度的改變，在變化的過程只會感受到愈來愈好，一切都會朝著想要的軌道前進。有些人是有貪性的，一下子改變太多，或是過份給予太多，其身無法負荷的情況，屢見不鮮，適得其反,還會被打回原形。

元辰宮就是我們的另一個家,有些沒觀過元辰宮的人,會擔心自己無法進入,其實任何人都可以進得去元辰宮,只是方法不一樣,有六種方法可以進入,只有一種人回不了家,那就是不願意回家的人。

什麼樣的人不願意回家?沒有歸屬感的人,他會像浮萍一樣漂流不定,這類人會不斷地到處體驗,那裡沾一點,這裡碰一下,要他安靜的待在一個地方簡直是要他的命,所以這樣的人很難回家。絲雨老師最喜歡舉楚留香這個例子,這個曾經紅極一時的武俠人物,他以劫富濟貧聞名,江湖上人人尊稱他為盜帥或香帥。

楚留香有一艘自己的船,平時沒事時就在船上和他的三位紅粉知己吟風弄月,他就住在那裡。之所以拿楚留香當例子是因為他的個性漂泊不定,不會在任何地方駐留太久,有這種特性的人一輩子都在找歸屬感,如果這個地方讓他找不到歸屬感，他就會想離開，所以這類人比較不容易進入元辰宮，因為他不想回家，不想面對自己。

不願意回家的人從小就覺得自己不屬於原生家庭，他會有離家出走的念頭，覺得這個不是我的家，通常有早婚的可能，他們會認為進入一段婚姻就能擁有自己的家，然而現實不如預期，婚姻仍然沒有為他們帶來歸屬感，因此容易在心情苦悶之下外遇，就又會想去找另一個家。

面對這樣的個案，還是有方法引導他回家，最好的方式就是要勇於面對自己，把自己調理好，這樣能量才會打開，也才能順利找到回家的路。

有一個上元辰宮課程的學員，在第一天的課程開始就一直吵著進不去元辰宮，一點耐性也沒有，靜不下來，絲雨老師教的方法也不願意用，怎麼觀就只有一片黑漆漆的畫面，幸好這名學員很認真和努力，他下課後回去練習了一個晚上，等到第二天時，他已能看到白色和紫藍色的畫面，雖然不是很清楚，但這證明了他慢慢面對自己了，後來他願意用教學的方法，放下他原本的我執經驗，接下來的第三天和第四天已經能順利進去元辰宮了，四天的課程讓他慢慢地調整自己的內在的意念，從回不了家到願意回家，他正視了自己的內心，勇敢去面對了，他這下開心了，他天天在學員群裡面分享他看到什麼，然後又做了多少客人，有多準又有多準。

還有一種個案，元辰宮只進去一半。什麼叫進去一半？請他到大廳但找不到大廳，不過卻可以看到神桌和守護神；請他去臥室，卻突然感到頭部一陣沉重，進不去；去了廚房該有的東西沒有，想增加擺設也增加不了；書房也和臥室一樣，一講到這個地方個案就頭昏腦脹了，哪裡還想進去？唯一值得慶幸的是花園看得比較完整，有生命樹和生命花，就是少了點貴人運。

這個個案為什麼只能進到某些景點，原因就是他有不想面對的事，而那些進不去的地方就是他現實生活中正在逃避的問題，再對照他的現況，感情、事業、財運的確運勢不佳。

人都會有想要逃避現實的時候，但我們都知道逃得了一時，逃不了一世，有些問題放著不去面對，即使經過幾年它仍然存在。不正視不代表沒有，相反的若勇敢的面對自我，找出為什麼沒有歸屬感的原因，這樣才能迎接新的開始。

元辰宮是一個很好的內觀法門，在這個異次元的空間裡存在著靈魂的家，從這個地方我們可以找到連表意識都不知道的癥結點，這個癥結點可能是你今生的課題，當我們進入元辰宮清理時，就能挖掘出這些問題，找到人生的使命。

記住這一句話：「沒有進不去的元辰宮，只有不願意回家的人。」

*1 5W1H分析法也稱六何分析法，是一種思考方法，也可以說是一種創造技法。5W1H分別是：WHY為什麼、WHAT對象、WHERE地點、WHEN時間、WHO何人、HOW方法，從這六個方面提出問題再進行思考。

*2 薩提爾是一種家族治療模式。國際家族治療大師 瑪莉亞・葛莫利（Maria Gomori）說薩提爾就是教人們做自己，重視自己，接納自己，不要用自己不夠好做為理由來懲罰自己，除非你愛與接納自己，否則你是無法愛與接納別人。

參

調整元辰宮對自己有什麼幫助？

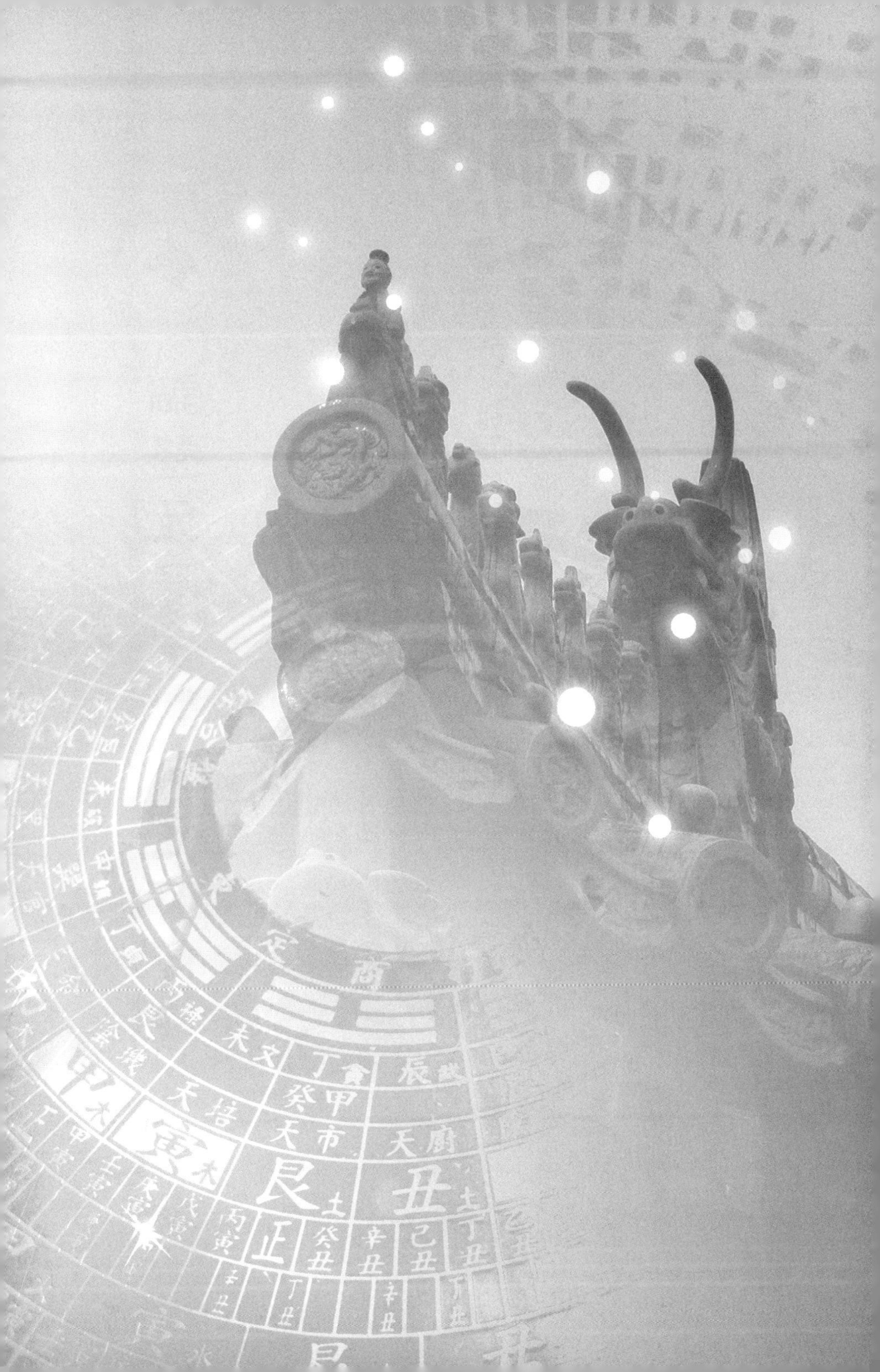
天市
天廚
艮
丑
正
辛丑
己丑
丁丑

參 調整元辰宮對自己有什麼幫助？

我們調整元辰宮或學習元辰宮的目的就是幫自己及親朋好友轉好運，大部份會來觀元辰宮的人大概都是對現狀不滿，想要尋求一個好的改變，所以才會來做調整。

也許失業了一段時間，在調整完元辰宮後可以找到工作；單身的男女想招桃花，也可藉由元辰宮的調整尋覓到理想的對象；業務員想增加收入和開拓客源，元辰宮也是可以幫助拓展財源；準備考公務員的朋友透過書房調整可以有助考運；身體長期有莫名病痛，就醫查不出原因的，也可以從元辰宮找到病灶的根源。

上述的顯化都是人生基本的追求，不過最重要的幫助就是心境上會有明顯的改變。有些人顯化的速度很快，在觀完元辰宮後馬上就覺得心情變得開朗許多，可能他剛來諮詢時，整個人心情灰暗鬱悶，對未來感到一片迷惘，但經過老師的引導，他會覺得人生又有了希望，也有了新的目標，不再懵懵懂懂的茫然過日，這就是調整元辰宮對自己的幫助。

以下列舉幾項調整元辰宮對自己的幫助。

1. 整體運勢上揚：

調整元辰宮和整體運勢上揚有莫大的關係，一般與大運相關的地方就是大廳，窗戶的狀況，天花板、地板乾淨與否，都與我們的大運有關，只要這些地方能好好維護，運勢是不會差到哪裡去，許多官司訴訟與意外災害也會在這個地方呈現。

大廳是五個景點中最重要的地方，如果這個地方沒有調好，即使其他景點調整的再完美，也會大打折扣，所以想要運勢上揚的朋友，大廳是千萬不能錯過的景點。

2. 財運變好：

我不只在台灣有觀元辰宮的服務，在大陸和世界各地也有一群我的粉絲，在我的協助下人生更上一層樓。舉個例子，有位個案已經諸事不順好長一段時間，他找上了我幫忙調整元辰宮，事後也按照我所說調整自己，結果個案的顯化非常的好，透過一位貴人的引薦得到了一筆約台幣七千萬的大單，總算讓他的財務狀況撥雲見霧，不必再為錢財煩惱。

還有一種財運上的變好是收回債款。有位個案因朋友長期欠錢不還很煩惱，又不好意思向朋友催債，原本他來調整元辰宮是想讓收入更好，沒想到卻有個意外驚喜，大約調整完元辰宮後一個月的時間，那位欠錢不還的朋友突然主動聯絡，表示願意分期還款，現在個案的朋友也已經把錢還清了。

另外一種財運好轉是本來會莫名其妙漏財，或常有人來借錢，經過調整元辰宮都會有明顯的改善。如果想增加偏財運，調整廚房也很有效果，有一位學員回家自己調整元辰宮，結果隔沒多久他去買樂透，真的中了一筆意外之財，還有他自己經營的副業收入也在當月增加，讓他開心的不得了。

經由調整元辰宮讓財運變好的狀況不只這些，還有特地飛來台灣請我指點投資理財土地買賣，都有可觀的獲利。舉凡與財相關的事情皆有可能因為觀元辰宮而漸入佳境，沒有親身試過又豈知其中的奇妙呢？

3. 投資方向：

財源滾滾一直是大家夢寐以求的事，在擁有正職收入的同時，若能擁有一些額外的財源，未嘗不是人間一大美事，而投資就是普遍大眾會選擇的工具之一。

然而投資有分很多種：股票、期貨、基金、不動產、古董、珠寶等等，想知道自己適合哪一種投資，從元辰宮的廚房也能得知。廚房的窗戶是看投資標的，窗的扇數分別代表當前可投資型態，爐灶樣式也是一個參考指標，再搭配米缸、水缸整體觀察，就可知道最適合的投資工具為何。

記得有位女性個案，偏好博弈類型的投資，當時她來調整元辰宮的目的就是希望投資運更好，可是一看她的窗戶就知道，她不適合賭博性質的投資，然而個案不信邪，堅持己見，就是要賭，結果輸得一塌糊塗。當時也告訴她適合買些基金和股票，個案也真的去買了，事實證明她的確因此有了筆小進財，這時她才不得不接受建議。

有個個案是位年輕有為的大地主，當時是因為好奇而來，在調整錢財的廚房時，我就說你的狀況是國內事業很差，國外事業很好，比例大概是三比一，如果外面的事業是東南方交給媳婦（在大陸內地媳婦是太太的意思）做，那絕對會大發。果然，客人回覆我，沒錯，就是這樣！同樣是賣雨傘，在台灣生意很差，他媳婦是印尼人，沒想到那邊的生意比台灣好，最近他又在大陸設廠，也遇到了瓶頸，於是我們就調整了他的廚房的風水狀態，他的灶神也給了他明確的方向。半年後，幸運女神就收到了十二把桃花傘，做為額外的謝禮，代表他的生意真的有蒸蒸日上。

4. 可招桃花：

我們都以為招桃花、求姻緣就得去月老廟拜求，其實元辰宮就可以做到這些，想要成功招到好桃花的朋友們，或許可以試一試觀元辰宮。

有一個女生感情空窗期已久，來觀元辰宮希望找到結婚的對象，結果一觀才發現她的感情卡點，以及她要修正的態度，大約調整完後的一個月，這個女生再度前來調整，她表示現在已出現一個夢寐以求的對象，雙方也考慮要結婚，她這次來是希望再鞏固元辰宮的愛情能量，讓她這朵好不容易招到的桃花，可以開花結果，事後不久，果真傳來了好消息，我就收到了婚宴邀請，類似這樣的案例非常的多，更有年輕的學員在兩個禮拜內脫單，覺得神奇之外加入了元辰宮的學習，用裡面的合和術，鞏固了自己在男友心目中的地位，半年內嫁到國外去，也用同樣的方法維持好心情，按照自己想要的步驟懷孕生子。

還有一名在大陸的個案，除了想招桃花之外，還希望自己的公司生意能變好，在調整完後真的順利交到了男朋友，不再是以前的那些爛桃花，隔一陣子，也傳來步入禮堂的好消息，並且生意也隨著貴人的增多而漸入佳境。

現在，既然已有了元辰宮這麼好的法門，如果能自己學會觀元辰宮，以後就不必捨近求遠，在家就可以把自己調整好，不論是想招桃花還是招財。

5. 斬爛桃花：

既然元辰宮可以招桃花，自然也能斬爛桃花。另一半的異性緣太好，不時有狂蜂浪蝶徘徊左右，或者總是愛到不對的人，這個時候就可以去元辰宮斬掉那朵非正緣的桃花，所以請注意，如果妳不是正緣正宮，小心妳砍到的會是自己。在特定的條件下，才有可能變成二房或扶正。

有一位女性個案，老是遇人不淑，雖然異性緣很好，但交往的對象始終不是良人，她來觀元辰宮就發現原來自己會招惹到爛桃花的原因就是臥室出了問題，老是吸引已婚之夫，郎有情妹無意，惹了一身臭名，所幸經過調整心靈風水後，爛桃花的問題才有改善。後來這名個案定期回來調整元辰宮，一進去就看見園丁拿著斧頭在砍她的爛桃花，這個景象讓她覺得既新奇又有趣，她的園丁真的沒有偷懶呢！

求助於我來斬爛桃花的個案本身也是別人的爛桃花，長得白白淨淨、高高瘦瘦，身材條件挺好的，但她為爛桃花感情所苦，她自己本身有三個男友在追求她，她同時也都有在交往，拿不定主意，三個男人都沒有想讓她安定下來的感覺。第一個男人已婚，在她最困苦的時候出現，資助了她，給她金援，讓她治好了身體的病痛，給了她一個住處，年紀大她二十六歲；第二個男人，在職場上相遇，一開始是非常談得來的朋友，然而隨著交往愈深才發現他對她有暴力傾向，每每在惺惺相惜的背後，他總會出現想掌控的慾望，就會對她言語暴力，酒後亂性；第三個男人年輕有為，是個窮小子，才華洋溢，很會彈琴，總是在她心累了的時候給她一些驚喜，然而第三個男人也是很多女人追，讓她不知如何選擇。

她對第一位有恩情，但又覺得有罪惡感；第二位有革命情感，但又不甘心；第三位覺得很貼心，但她覺得自己很像媽，要照顧他生活起居的費用。於是她來探索元辰宮才發現，原來她自己才是別人的爛桃花。這三個男人都另外有老婆或交往多年的女友，她其實滿驚訝，也懷疑甚至是否認，然而她內在的主，信誓旦旦的說：除非妳願意改變自己，看到那個純粹高貴的妳，否則妳永遠是棵爛桃花。

於是她就哭著問：我該怎麼做？

她的主給了她一些方法，在她調整完心靈風水後，照著作業做，意外的在兩週後，撞見第三個男人與其他女子在床上。再過兩週，發現暴力男要娶的人並不是她。

第一個男人她坦白的說，因為對方也老了，身體病痛也開始來了，她想要做為看護的方式守著他，回報他的恩情，卻無奈對方的老婆找上她，開了兩百五十萬的支票給她，要求她離開她的先生，於是她痛定思痛，拿著這兩百五十萬到異地重新找工作，開始新的生活。

六個月後，她有了新男友，還帶來給我看，這真的是一個你用什麼生命態度看待你自己，你就會吸引什麼樣的人在你身邊。

6. 預防小三、小王：

小三和小王是兩性關係裡的禁忌，若想知道另一半有沒有外遇，觀一趟元辰宮就可以知道答案。曾經有位女性個案，老公因長期在大陸工作，一年難得回家幾次，有段時間個案的第六感告訴她，老公似乎很奇怪，於是她來找我觀元辰宮。

個案一進到臥室，就看見房裡有一個不認識的女人躺在床上，那個女人就是她老公在大陸的女性下屬，當時和個案的老公有曖昧，正往外遇的方向發展。幸好個案有觀元辰宮，即刻把這段孽緣處理了，這才解了婚變的問題。

由這個例子可以得知，另一半對自己究竟忠不忠誠，觀元辰宮的確可以看到一些蛛絲馬跡。

我們從臥室的床、枕頭以及梳妝台、衣帽間、儲物間、衛浴廁所可以知道另一半是肉體外遇或者是精神外遇，再更深一點，還可以從床單的顏色去分辨枕邊人是否有暴力傾向或柏拉圖式愛情。我有一名女性客人，因為透過觀元辰宮得知新交往的男友有暴力因子存在，回去後她自己暗中觀察男友的言行舉止，果真有這個傾向，後來她趁感情還未放太深時，探聽了她男友周遭的朋友，得知她男友的前女友們都經歷了暴力相向，於是她當機立斷地分手，這才免了日後可能會出現的問題。

7. 婚姻挽回或分開：

現在大多數人都是自由戀愛結婚，已經不見古時候那般的父母之命，媒妁之言了，女人在婚姻自主上也比較自由，如果在婚姻中遇到夫妻不和的情形，也不用忍氣吞聲地過完一輩子，古人有一句話形容得很貼切：男不要女一張紙，女不要男只有死。可見封建制度下女性的悲哀。

幸好，活在二十一世紀的我們不必再在婚姻中委屈求全，離開或留下的選擇權都在自己的手上，倘若對這段婚姻還抱著希望，透過元辰宮的調整可以促進夫妻和諧。

個案的丈夫已跟她分房好一陣子，這期間也不和她說話，一直維持著冷戰，個案試過很多方法想與丈夫重修於好，無奈丈夫不領情，於是找上我調整心靈風水元辰宮，希望藉此改善降至冰點的夫妻關係。原來他們的浴室出了很大的問題，從主臥房裡改變了內部的裝潢，換了被單，照了照妖鏡，讓她更明白這個結是從她生了孩子之後就留下了，體貼的丈夫為了想要陪伴、心疼個案，一起進入了產房，沒想到卻被生產景象給驚嚇到，心中耿耿於懷，床第間總是提不起勁，很神奇的是，調整完元辰宮後的兩天，個案的丈夫主動開口問個案要不要回房睡了，夫妻倆也從那天晚上開始破冰，並且將她撲倒，現在小倆口的感情漸趨穩定，個案也放下了心，享受被澆灌的滋潤。在一場體驗沙龍會上，還帶著她先生來表示感謝。

還有想要離婚，另一半不肯離的，也可以藉由元辰宮的調整讓對方心甘情願的放手。雖然一般是勸合不勸離，但如果當事人執意離去，強加挽留也只是讓雙方都痛苦，所以離婚不見得就不是好的選擇，不如放生對方，唱一段冰雪奇緣的主題曲 Let it go，還彼此自由或許才是最好的決定。

有一妙齡女子，她與丈夫相識結婚六年苦無孩子，因此在壓力之下選擇離婚。離婚後先生仍像往常那樣溫馨接送，期盼有一天能和好，經歷幾番波折後，讓她想起曾經有命理師告訴她，二度婚姻的男人對她更有利，於是她想或許這就是一種緣，最後就再嫁原本的老公。四年過去了，還是沒有生下孩子，她為他的家人買了房，買了車，開了公司，無奈對方家人依舊不滿足，冷言冷語伺候，連先生都開始言語暴力，搞得她得了憂鬱症，嚴重時還一度想輕生，有一回竟然發現老公外遇了，小三還懷上了孩子，但是老公卻不想離婚，還試圖說服她讓小三進門生下孩子，再大的壓力都敵不過這根稻草。

在男方家人接小三進門的那一天，她捨棄了她的愛巢，開始分居的人生，後來調整元辰宮心靈風水後，神奇的地方在，她拿回了該有的同等財產權以及股份，讓她吃了一顆定心丸，隨著財產分配訴訟勝訴，她決定學習元辰宮，每天加強調整，讓她的老公主動無條件放棄愛巢，提出離婚。不過她也不是省油的燈，她強化自己的財運，把愛巢以三倍的價格賣出，開始她的新人生。

8. 就業、創業指引：

凡是與功名利祿相關的都要來書房找答案，就業和創業也是。台灣近幾年的求職陷入一種僧多粥少的型態，這讓很多人心生了創業的念頭。有一位個案正是想要創業，但又不知道自己應該往哪個方向去做，當他看完無字天書時，得到了一個很明確的方向。比如：開火鍋店、找誰合夥、幾年幾月幾日開店，類似這樣的指引。有些人適合自己創業，有些人適合合資創業，有些人曾經創業五、六次都失敗，但是依然懷抱著創業夢，而這些創業的壓力有時還會延伸變為心理疾病而不知，進而變成了身體的病痛，左手老是不舉沒力，在醫院檢查都查不出原因，經過調整心靈風水後，自己更清楚的知道，他必須做五金行，並且合作夥伴三位，員工十六個的搭配組合對他是最適合的，個案果真照這個方向去創業，收益比他當初預期還來得好，實在讓他訝異無字天書的神準。

9. 增加考運：

最近幾年公務員已成鐵飯碗的代名詞，不少畢業生或是想轉換跑道的社會人士，也趕上這股風潮，紛紛報考公務員以圖一份穩定的工作。來找我觀元辰宮的客人，當中就有滿多因為想報考公職人員而來調整自己的考運。

我們知道與功名利祿和考試相關的就是書房，我就會針對這個部份加強調整。記得有個男生來調整元辰宮的時候，距離考試只剩下一個星期，沒想到調整完隔沒多久就聽到他金榜題名的好消息。

其實這位個案早在來觀元辰宮之前就已重考了好幾次，但始終只差臨門一腳，分數就是只差一點點，在抱著一試的心態下來觀元辰宮，就真的讓他如願以償了。

也有大學、研究所論文寫不出來的莘莘學子來尋求幫忙，也在短時間內獲得幫忙，整理出方向拿到畢業證書。諸如此類的例子多不勝數，在後面的章節，我們會舉更多的例子，這一章就先暫且帶過。

所謂的考運不是只有國考，學生的在校成績若想提升，也可透過調整元辰宮加強自己的考運。有時候我們會發現一種情況，每天熬夜苦讀，以為可以考個好成績，結果實際狀況卻是成績不如人意，這個有可能是書房出現了問題，若能好好整理這一個部份，是能有效提高成績的。

很多父母很擔心自己的小孩在校成績，畢竟這可是關乎未來的升學，所以家長們來找我替小孩調整元辰宮，事後都有不錯的顯化。最愛問我的小孩適合當醫生嗎？適合當律師嗎？適合當老闆從商嗎？有沒有機會從政？

10. 職場升遷：

有沒有過這種窘況，同期進入公司的同事都已經升職了，而自己卻還落在高不成、低不就的處境，明明也不是表現不好，卻總是在升遷這件事情上面八字偏偏少了一撇，問題究竟出在誰身上？

其實也不必太氣餒，有時候就是少了一點點運勢加持而已，透過元辰宮調整就可有效提升工作運和貴人運，讓自己在同事和主管之間獲得好人緣。

想要增強升遷運，書房是調整的重點，有些客人在觀完元辰宮後，很快就有顯化，所以加強升遷運勢也是觀元辰宮的優點之一。

有一位男性客人，自覺工作能力不比其他人差，卻偏偏每次升遷就是沒他的份，當我帶他進入元辰宮後，立刻明白他的問題就出在他本身的個性上，處事不夠圓融，說話易得罪同事和主管，難怪工作能力再強，在升職這件事上也只能乾瞪眼。

調整完元辰宮後，這位客人的個性慢慢地有了修正，他講話不再得理不饒人了，對待同事和主管更多了幾分客氣和柔和，他的改變讓周遭的人很有感受，待人處事上更是面面俱到，很快地就得到了升遷的機會。

11. 發掘天賦：

大部份的人都不知道自己的天賦是什麼，所以在求學和求職的過程中，總是茫然不知所措，找不到一個可以走的方向。若想知道天賦為何，來書房翻翻天賦之書是很好的選擇。

天賦之書也是無字天書的一種，所呈現的方式和無字天書一樣。每個人可翻閱的頁數不一定，有的人只能翻一頁，也有可以翻五頁、六頁、七頁的人，書裡面出現的文字有可能不是我們所熟知的文字，有個案就出現像埃及的文字，也有梵文或其他圖騰式的字，雖然並不是熟悉的中文字，但是可以進一步請天書翻譯，這點大可放心。

除了查看天賦之書，翻閱前世之書也能知道今生的天賦。我們雖然經過輪迴轉世，不記得前塵往事，就連前世的天賦也忘得一乾二淨。儘管人腦無法記憶這些事，我們的靈魂卻不會忘記，這時就可透過回溯前世找到天賦。

你可能有過這種感覺，這輩子沒學過任何手工藝，卻對編織、縫紉特別上手；沒有受過專業的繪畫訓練，卻能無師自通畫得一手好畫；別人寫作要花上幾個小時，你只需一個小時就能寫出一篇好文章。從這些跡象來看，這有可能是前世帶來的印記，我們在翻前世之書時，可以更加肯定這一點。

12. 瞭解今生的使命和課題：

觀元辰宮最有趣的地方莫過於翻無字天書。無字天書放在書房的書架上，若想知道今世的使命和課題，都可透過翻書得知。書裡面會顯示出來的東西有時是幾行文字，有時只有一個字，或是一張圖片。

有些個案的無字天書很特別，不以「書」的方式呈現，曾經就有一位個案想在書房翻書時，他桌上的電腦螢幕在這時有了動靜，幾行清楚的文字就出現在電腦螢幕上，而且還寫得非常詳細，幾年幾月幾日這等細節的事都一一寫出，等個案日後驗證時，真的完全和當初看到的一模一樣。

有一位個案翻無字天書時，第一頁只得到一個字「恕」，再往第二頁出現了「愛」字，個案一開始不怎麼能理解，當翻閱的書頁愈來愈多時，他今生的使命和課題就愈來愈清晰，原來這是在提醒他今生要學習寬恕和愛惜家人。巧合的是，個案也有自知之明，當時的他正想改善和家人的關係，也想原諒之前帶給他傷害的人，所以在他翻閱天書之後，這才明白從前的那些經歷是為了讓他學會寬恕和包容。

有時候天書呈現出來給我們看的東西很有趣，有位女性客人翻開第一頁時只看到一團亂七八糟的塗鴨，她根本看不懂是什麼意思，就再請天書說明白一點，接著她翻到第二頁出現一個太極圖，客人還是不懂啊，該不會是要她去學打太極拳吧？後來又更進一步瞭解天書想要表達的意思，她這才領悟「太極＝太急」，天書是在提醒她做事不要太急躁，要放慢腳步，別總是像陣急驚風一樣，急急急！

這是不是很有趣呢？天書就像一個人，會跟我們互動，你有問題都可以問它，但是千萬別問它這期樂透開多少，它可能不會告訴你。

13. 心情變好：

憂鬱症和躁鬱症在現今社會逐漸普遍，不少客戶來觀元辰宮時，就是帶著這樣的狀態而來。有這種病況的人需要家人和朋友的關懷，當然最主要還是得靠自己走出來，然而並不是說好就可以好，通常要一段時期的藥物治療才有可能好轉。

當我遇見這樣的個案時，在調整元辰宮的過程就會多多開導他們，有時候是請守護神幫忙，或者根據個案元辰宮的狀況給出建議。大部份的個案在調整完後出來都會感覺心情明顯輕鬆許多，有些情況較嚴重，有自殺傾向的個案，經過我開導後，心情會變得較為開朗一些，這也算是調整元辰宮的一大幫助。

帶領客人觀元辰宮的目的除了是改善當下的情況，更是為了預防憾事發生。現代人壓力大，因而患上憂鬱症的人也愈來愈多，有些個案嚴重者會有自殘的現象產生，若是在調整元辰宮的當下及時發現，說不定就能挽回一條寶貴的性命，所以元辰宮有沒有幫助，這就不言而喻了。

14. 改善健康：

要看一個人的健康狀態，就要去元辰宮的花園一窺究竟，我們可以從生命樹得知當前的健康是否有問題。除了生命樹，神桌也是要觀察的重點，我有一年參加公司舉辦的健康檢查，報告顯示我的健康沒有問題，然而我於某一天打掃自己的元辰宮心靈風水時，竟然從大廳以及生命樹看出自己的體內長了腫瘤，我很不放心，就又去醫院進行了更精密的檢查，果然，報告出爐後，我的子宮長了原位癌，當時去了三間醫院檢查，有的醫院說是一期癌症，不過幸好發現的早，當時我只難過了一天，就約了醫生，自己爬上手術台，動了手術，並且持續了一段追蹤報告和後續保健檢查，現在已完全根治。若是我沒有學會觀元辰宮轉好運這個技術，可能就不會提早發現腫瘤的痕跡，若是沒有提早發現，腫瘤就會在我的體內成長，後果不堪設想。

前面提過有人因為來觀元辰宮而成功瘦身的案例，有時候肥胖不是生理因素，是心理造成自己發胖的原因，想要找出問題，我們也可以從觀元辰宮著手，進入自己的潛意識就能知道自己瘦不下來的原因。

15. 治療失眠：

有很多學員反映自從學會自己觀元辰宮，困擾多年的失眠就不藥而癒了，如果本身沒有睡眠障礙的人，於睡前自行內觀時也會特別好入眠，往往都能一覺到天亮。

有些人比較淺眠，常睡到半夜就突然醒過來，這時若想要再入睡就很困難，但是如果藉助觀元辰宮的方式，就能輕而易舉將睡眠中斷的問題根除。

為什麼元辰宮可以助眠呢？道理很簡單，因為我們在自行調整元辰宮時，必須消耗自身的能量，這時候如果氣不足或平日太過疲勞的人，在觀看的過程中就易睡著，這是因為能量在修復的緣故。

自行調整元辰宮不分白天或黑夜，如果連在白天調整時都容易入眠，那就要注意自己平時是否休息不夠。有學員在幫助朋友調整元辰宮的過程，見到朋友頻頻打哈欠，這就表示此人的精神耗弱，有睡眠障礙，這時就可透過元辰宮改善睡眠品質。也曾有個案在觀完元辰宮的當晚特別容易入睡，一夜無夢到天亮，隔天精神飽滿，不像往常那樣睡醒後還覺得很疲累。

16. 嬰靈、寵靈處理：

讀者可能會覺得很奇怪，觀元辰宮不是和觀落陰不一樣嗎？怎麼好像還能通靈似的？這裡所說的嬰靈和寵靈不是要向下觀才看得到，我們前面有提過，觀元辰宮是觀「當下」，所以如果個案「當下」正被嬰靈或寵靈跟隨，透過觀元辰宮是可以得知的。

通常這些靈體會在神桌這裡示現，它們會留在這裡也許是個案本身的執念所造成，也可能是靈體不放心離開，所以才留在個案的身邊。先不論靈體的存在是否為惡意，遇見這種情形就得馬上處理，我們可以請守護神居中協調，一般在溝通後靈體是會願意離開的，這個過程不會像電影演得那麼誇張，要經過一番鬥法才能解決，而是會以一個和平的方式去調解，雙方在理性的溝通下傾聽彼此的話語，所以在元辰宮遇見這類的問題，其實不必太驚慌。

17. 化解官司：

我有一位女性客人，當時正在打離婚官司，但她前來觀元辰宮時並沒有事先告知，事後觀完元辰宮，當我說出她目前遭遇的困境時，她大吃一驚，而我之所以能準確點明，是從客人描述的過程中，她的臥室床單不僅是白色還帶有特定花紋，由此判斷客人正處於婚姻贍養官司之中，建議換床單改運。神奇的是，在調完元辰宮的一個月後，這名女客人的婚姻官司有了一個圓滿的結果。

幾年前有一位個案因為社會運動導致官司纏身，他來調整元辰宮時，是從他的神桌那裡發現他有官司的問題，後來守護神替他化解了兩件官司，留下一件官司為的是讓他經一事長一智，以後說話和做事時要更加謹慎，並且還提醒他要記得去改名才能避禍。

這位個案回去後沒多久，真的有兩件官司迎刃而解了，剩下的一件雖然還在訴訟中，不過情況還算樂觀，而他也照著守護神的囑咐去改了名字，又隔了一陣子，他赫然在報紙上見到自己的舊名字在上面，那時候他才明白守護神讓他改名的用意，隨後又過了一陣子，他的最後一件官司也順利解決了。

18. 避車關：

人生最害怕的不是可預知的麻煩，而是不知何時會來的無常，往往一場車禍意外突然而至，若能保住性命倒還好，若是生命因此而沒了，那可真是人間一大憾事了。

若想知道自己近期是否有車關，可從元辰宮裡神桌的狀態去觀察。曾經有過這樣的例子，個案在調整元辰宮時發現神桌有異樣，經由老師解說才知道這代表什麼意思，幸好已經提早將神桌調整到最佳狀態，事後個案在開車時也更加注意安全，不像之前那樣有時候會恍個神，當然也沒有車關的問題了。

19. 可收驚：

大眾普遍以為收驚就是要去宮廟請道士處理，殊不知元辰宮也有這個功用，如果自己可以觀的話，就不用再去麻煩道士幫忙了。

我有位學員，在某一天打掃自己的元辰宮時，赫然發現神桌上的燈有異樣，事後學員請教我，才知道那是受到驚嚇才會如此，雖然那位學員也不知道自己何時受驚，但那段時間晚上睡眠的確不是太好，幸好自己有發現，調整完後睡眠品質就提高了。

同樣是這位學員，一天和朋友去電影院看完恐怖片後，當晚進元辰宮調整時，又看見神桌上的燈有變化，因為有了前次的經驗，請了守護神幫忙處理後也就沒什麼大礙了。

所以若是自己能夠觀元辰宮的話，那麼以後受到驚嚇就可以自己收驚，其實還真的滿方便的。

20. 前世化解：

我們有很多個案在觀元辰宮的時候遇見自己的前世。前世會出現的原因有很多種，但總歸一個目的，就是和個案當下的課題有關。前世會告訴你現在遇到的問題是因為什麼，再帶領著你回到影響自己的那一世，去瞭解事件發生的經過，當你看完自己的前世後，就會明白今生為何而來。

有個案今生總是莫名地不快樂，他在觀元辰宮的時候就遇見了自己的前世，也帶著他回到過去，個案看完前世後才明白自己不快樂的原因。個案的前世還告訴他，要他在難過的時候去做些讓自己開心的事，不要一直糾結在不快樂這件事上頭，經過前世與今生的對話，個案這才算解開心底莫名的鬱結。

尊重每個人的靈魂意願，觀元辰宮才有效

調整元辰宮的確可以幫助自己走出當前的困境，不論是求財、求工作、求感情、求健康、求考運、求升職，只要打從心底願意改變現況。我一直很強調這一點，要尊重靈魂意願，如果靈魂根本不想改變，即使再怎麼調整元辰宮也於事無補。

曾經有過那樣一個案例，那位個案是中年女子，投資股票是她的收入來源，可是她的投資運始終普通，有時還很差，逢買必賠，進到她元辰宮的廚房，瓦斯

爐沒有開火，鍋內也沒有食物，沒有米缸、水缸，大燈也沒有點亮，窗戶還是緊閉的。

我們請她在鍋內添加點東西進去，個案卻說突然覺得胃一陣飽足感，不想煮任何東西；再請她把燈打開，她卻說這樣的光線就很夠了，不需要開燈。接下來不管讓她如何調整廚房，不是不用就是打不開，連守護神也直接表示，廚房內的一切都不需要變動，維持現狀就好。這說明了什麼，個案的靈魂意願並不覺得現狀需要更改，每月的投資進帳雖然有時賺有時虧，但日子目前還過得下去，所以無須改變什麼。

個案是抱著嘗試的心情來觀元辰宮，並沒有一定要財運變好的意念，反正有也好，沒有也沒差，對個案而言，影響一點也不大，所以這樣的人來調整元辰宮對她有什麼幫助？其實沒有，她打從心底不願意改變，就是再來觀個十次也沒有效果。

有句話是這麼說：「天助自助者，自助人恆助之。」觀元辰宮也是一樣，一切的起心動念唯心而已。心具備很強大的力量，它控制著我們的意念，若意念是負面，那麼顯示在外的行為就會影響運勢，所以調整元辰宮若想要對我們有幫助，心念佔有很大的份量，不容小覷。

藉由直觀內視無法自我察覺的潛意識，與此同時改善外在的行為、環境與未來運勢，是調整元辰宮的一大原理。

肆 如何觀元辰宮？

天市
天廚
艮
丑

肆 如何觀元辰宮？

1. 內觀的原理：

元辰宮本是存在於九次元的空間，與人類所處的三次元總共隔了五個次元空間。換個說法，進入元辰宮就是進入我們的潛意識，透過這樣的內觀調理心靈風水。

既然有潛意識就有表意識，若說潛意識是九次元空間，那麼表意識就是三次元空間，也就是我們平常所存在的次元。既是所熟悉的次元，就代表我們對表意識是察覺得到的，就像我們去了哪裡，做了哪些事，說過什麼話，有過哪些行為，這些我們自己都一清二楚，因為做出這些行為的同時，我們的表意識與我們共存，甚至能發號施令，所以我們知道它。

潛意識則是在我們清醒時感覺不到的存在，必須透過特殊方式才能找到它的蹤跡。潛意識隱藏在表意識之後，一般在清醒的狀態它不會出現，但它跟表意識一樣有儲存記憶的功能，只不過這些記憶我們無法在清醒的時候得知，但它的確是存在。

比如你在酒吧點了杯酒來喝，在喝醉之前你記得自己做了些什麼，但在喝醉之後，直到你醒來為止，這段期間的記憶你遺忘了，完全想不起來做過什麼，遇見了什麼人。你想不起來不代表沒有發生，而是發生了卻遺忘了，這部份的記憶就會存放在潛意識裡，此時若透過催眠引導，就能把潛意識喚醒，消失的記憶自然就能找回來了。

元辰宮的內觀原理就是進入潛意識，從三次元進入九次元空間，如何進入？

北大劉丰教授說過：人生的意義在於提升意識能量的自由度，也就是提升維度（次元）。一次元是一條線，二次元是一個面，就像一幅很美的圖畫，三次元是立體空間，在美感上高於二次元和一次元無窮多倍，而在三次元之上的四次元就是多了一個時間的變量，如果我們的意識在這個次元裡，所看的事物肯定比三次元還要美麗。在四次元裡，時間是可以瞬間到達的，我們想像從台灣到英國，即使搭飛機也要十幾個小時，但是在四次元空間裡，卻是一眨眼就可抵達，雖然只是高出於三次元一個維度，但它在時間上的變量卻明顯有區別。

元辰宮位在高於三次元許多的空間裡，肉身雖然無法到達，但是我們的意識如果經過訓練，就能在這些空間裡暢行無阻。我們的意識從三次元到九次元之間有道玻璃門，打開這道門會有一個連接潛意識的通道，穿越通道就是我們的潛意識。

有人將表意識形容成一個湖泊，潛意識則為大海，兩者之間有一個匯流之處。

換言之，三次元空間就是一個湖，九次元空間則是深不可測的大海，它像是沒有止盡，包容著我們的意識形態、思緒、意念、隱藏的記憶、行為模式都在其中，它有很多我們不知道的東西，包含人的潛能，再更深層的探討，我們未覺醒的靈性也在九次元裡面，若想挖掘這些寶物，就得找到連接三次元和九次元的通道，再進入我們的元辰宮。

在宇宙空間中，存在不同的次元空間，每個次元空間的生物皆有其不同的生活狀態，從高次元進入低次元可穿越我們的時間順序，第四次元是時間的變量，已經超越了生和死，也就是佛家所說的緣起概念。

第九次元高出第四次元許多，在這裡不僅超越了生與死，所有我們在三次元認為不可能的事，在九次元空間都是有可能。舉個例子，平常我們要換套新的傢俱得先把舊的處理掉，大型的傢俱還得請人來載運，但是在元辰宮裡，不過是一個念頭，一個意念，想換掉哪張沙發瞬間就轉換了，不費力也不費時，不過就是一個意念形成就能改變。

佛家講一念一眾生，一葉一菩提，元辰宮所有的景點和擺設都是自我的意念生成，這股意念會影響我們平時的行為，但我們不見得知道它的存在，因為它在潛意識層裡面，很少有人能夠去覺知它，除非有經過訓練，否則我們不會瞭解它的奧妙。

觀元辰宮就是去認識自己，認識比平時的我還要更真實的自我，我們需要依靠五感六覺觀入，當我們真正能夠明白心靈深處的渴求，就能改變命運，擴大自己的格局。

2. 五感六覺進入方式：

《摩訶般若波羅蜜多心經》裡有一句：無眼耳鼻舌身意。這其中的眼耳鼻舌身意就是五感六覺，觀元辰宮就是靠這個進去。眼代表視覺；耳代表聽覺；鼻代表嗅覺；舌代表味覺；身代表觸覺；意代表感覺。

每個人的狀況不同，有些可能比較有視覺畫面，所以一進去元辰宮就看得特別清楚，色彩也很飽滿，就像在看一場電影，所有的畫面和場景栩栩如生，沙發是什麼顏色？現在是白天還是黑夜？地板乾淨嗎？有幾扇窗？大燈有沒有損壞？管家是男是女？年紀和穿著為何？還有元辰宮的外觀是什麼樣式，這些只要是有實體的東西，視覺型的人皆可看得一清二楚。

有些人聽覺很靈敏，他能聽見元辰宮裡的任何聲音：流水聲、鳥鳴聲、風聲、腳步聲、說話聲、雷聲等等。但是有聽覺的人不會看見什麼畫面，他在元辰宮裡的一切是靠聲音來辨別，例如他看不見大廳的樣式，但他可以聽管家形容他的大廳擺設為何，左手邊有放什麼物品，臥室在哪一個方向之類，所有的一切他以聲辨位。

再來就是嗅覺型的人。此種類型的人因為嗅覺比較敏感，他可以聞到花香、草香、泥土香、腐臭味，任何與味道有關的事物他都聞得到，他可能視覺和聽覺沒那麼強，看的畫面帶有暈黃的感覺，可是卻能找出味道散發的方向，如果好好修元辰宮這法門的話，他的嗅覺會更強之外，視覺也會一起變好。

味覺型的人在元辰宮裡吃東西能嚐出食物的味道，他能夠形容出酸、甜、苦、辣、鹹。味覺型的人有可能看得見畫面，也有可能看不到，他和嗅覺型的人一樣，看見的畫面會矇矓不清，只能看見個大概，可是若讓他喝喝湯和吃點水果，他可以將食物的味道形容得很清楚，甚至在觀完元辰宮出來後，舌頭上似乎還有食物的味道殘留。

觸覺感較強的人在看不見畫面時，肢體會做出動作。比如老師引導他爬樓梯，實際上他的腳就會做出爬樓梯的動作；又或是請他開門，他的手就會做出開門的樣子；如果請他形容某個傢俱的樣式，他也會比手畫腳的來形容。觸覺型的人的肢體動作很豐富，可能他的視覺沒那麼強時，他靠雙手去觸摸，然後再去形容這是一面牆還是一把椅子。

觸、味、嗅的人在觀元辰宮時會帶一點畫面，但是色彩飽和度沒那麼夠，會有灰灰的感覺，只能大概看出一個輪廓，老師講到什麼才會看到什麼。

至於意就是意念，以第一直覺去「感覺」元辰宮。大部份的人在五感六覺尚未全部開發之時，就是靠感覺來觀。可能你的畫面都是黑的，這時候老師就會請你去感覺你的臥室是什麼顏色？廚房是古代的嗎？大廳有沒有窗戶呢？守護神是誰？這些問題都是靠感覺，也就是腦海第一個竄進來的意念。

譬如：當老師問個案你覺得你的沙發是什麼顏色的呢？個案第一個跑進來的念頭是黃色，那沙發就是黃色。諸如此類，以這樣的方式去觀元辰宮，這就是感覺型的人。

六覺都俱備的人在觀元辰宮時自然是很清楚，他所見的景象會是3D立體的畫面，如同我們現實生活一樣，色彩度很飽合，聲音也很立體。在進入元辰宮之前，老師不會知道個案是什麼類型，通常會依據個案的描述去判斷。如果擔心自己觀不進元辰宮，可以在家多訓練這六覺，那麼到時候調整元辰宮時就能較快進入狀況。

3. 親面帶領和遠距離代觀：

觀元辰宮有兩種方式，一是親自面對面帶觀；另一種則是遠距離代觀，兩者的時間皆以一小時為限，皆須事先預約服務。

雖然這兩種方式觀的成效都一樣，其差別在於親面的過程若有疑問可及時提問，老師也會一一解惑，此外，依據每個人內觀能力不同，如有服用藥物者會影響調整靈界狀態；有靜坐或是內觀靜心習慣者，調理速度會很快，可在一個小時之內看完元辰宮內所有的景點。

親面還有一個好處就是個案可以身歷其境，六覺會有所察覺元辰宮的狀態，並且如果在觀的當下身體有哪裡不舒服，可從這些跡象知道自己的身體哪裡有狀況。

遠距離代觀是提供給距離較遠或擔心自己無法觀入的客人的一種選擇，大多數在國外的客人第一次觀元辰宮會擇此選項。老師與客人約好時間後，在時間內開放場域，由老師代替個案進入元辰宮，將個案所需要調整的景點優先處理，接著再在線上解說。

絲雨老師有位遠從馬來西亞來台灣上元辰宮課程的學員，在上課之前就是以遠距代觀的方式觀元辰宮，由於代觀的顯化不錯，在一得知有開課訊息時，第一時間就報名上課，可見親面或代觀是不影響其效果。

4. 老師一對一和團體觀元辰宮：

老師一對一觀元辰宮，在個案無法進入時，可停下來引導直到個案進到元辰宮為止；團體因為人數眾多，老師無法配合每個人觀入的步調，當中若有體驗者觀不進去，老師也無法一個一個引導，會以大眾的節奏進行。

不過團體的優點是可以聽其他人的觀入心得分享，這些內容可能是自己會遇到的情況，算是學習他人的經驗；缺點則是沒有隱私性，有些來體驗的人可能比較注重這一區塊，即使有觀入也不會在眾多人面前分享，通常會等到私底下時再請教老師。

一對一觀元辰宮可確保一定能觀入，也較有自己的私密空間，不必與他人分享自己看到什麼，有些較私人的問題也不必擔心他人知道。

團體觀元辰是看個人觀入的能力，因為時間短，老師會在觀之前統一票選哪一個景點是大家最想進去的地方，到時在帶領時就只去一個景點，所以團體是給從沒觀過元辰宮的人來體驗。而一對一觀元辰宮的好處是可自行選擇哪一處景點優先，時間也較長，能觀的景點也較多。

5. 自觀元辰宮：

自己觀元辰宮的好處多多，一是時間上較彈性，沒有限制；二是隨時隨地都能進去；三是可每天調整；四是一天可進去的次數不限，只要身體狀況允許，照三餐進去打掃都是沒問題；五是只要一覺得運勢受阻即可馬上自行調整，不須再透過預約，等待老師服務。

往年絲雨老師一年只開辦兩次元辰宮課程，不過卻有人開始反映兩次太少，今年老師一改往例，多增加一次。學員們在五天的課程結束後，回家可自行觀元辰宮，也可帶家人和朋友觀，在利益自己的同時，也利益周遭的人。

其實自己觀元辰宮是一件很有趣的事，可把每一次進去都當成一趟探險，有學員最喜歡在書房挖寶，透過翻閱無字天書找到回去前世的路，或是穿越到未來，對自己人生的使命或就業方向有所疑問，都能在翻閱的過程中找到答案並享受樂趣。

書房是很好的挖寶景點，廚房則是極佳的藏寶地點。所謂財不露白，與錢財有關的廚房關係著我們當下的財運，錢財若是外露就易招人刧財，若想留住財富，就要把廚房照顧好，什麼東西該放什麼地方就放什麼地方，若想要近期多點偏財運，就可在廚房放上一些招財的物品。

花園與健康有關，有名學員在來上元辰宮的課程之前，長期有五十肩的困擾，在上課期間這個情況有改善很多，但是課程結束後，他的五十肩又開始復發，於是他每天進去元辰宮悉心照料自己的生命樹，每次都打理得很仔細，還跟生命樹對話，此外平時也盡量做點運動，約莫一個月的時間，他的五十肩終於好了，一直到現在，都還未曾復發。

其他諸如大廳、臥房的重要性不亞於書房和廚房，最理想的狀況就是每次進到元辰宮時，都能將這些景點一一打掃過一遍，當然可能也有人無法一次打掃完畢，一天調整一個景點也不無不可，如果能夠每天進去調整，即使只有微調一個景點，也是很好的。

觀過元辰宮的朋友應該知道，元辰宮的狀態會根據當事人現在的情況有所變動，它不是一成不變的，今天的外觀可能是城堡，三天後再進去可能就變成歐式小木屋；今天的大廳只有五坪不到，下星期再進來規格就擴大一倍，這些都是有可能的。

自行觀元辰宮可以記錄元辰宮裡頭每天的變化，藉此來瞭解自己的潛意識，這麼好學又好用的內觀工具，不僅便利自己，也便利他人。

6. 能量保護網結界：

在每次幫客人觀元辰宮或是自觀之前，最好於所在的領域設一個結界，這是為了保護自己和客人不受外界干擾，也讓我們在觀的過程中有定心的作用。

結界的設置以結手印的方式佈一個結界，這個結手印稱為獻曼達，源自藏傳佛教。獻曼達是累積福德資糧最快的方法，做為請求身、語、意、事業、功德灌頂的資財，如未能在修行的道路上圓滿福德與智慧，就無法如實了悟空性。

中央兩根無名指直立背靠，代表「須彌山」，觀想由七寶石構成。山頂大，下面較小，呈倒立的形狀，在它下面有四大部洲－「東勝神州」，右手食指與左手中指相合；「南瞻部洲」，右手拇指與左小指相合；「西牛賀洲」，左手拇指與右手小指相合；「北俱盧洲」，左手食指與右手中指相合。

7. 事後作業：行為改變、謝神

每次調整完元辰宮，需在二十一天內，帶著水果去向神明表達感謝之意。哪一位神明要依元辰宮內的守護神決定，例如若是關公，就去武廟謝神；若是觀音就去觀音廟，以此類推。當然若是比較罕見的神佛，例如彌勒佛，可拿一張彌勒佛的照片，在其面前虔誠表達謝意，這也是可行的一種方式。所謂謝神以心意為主，形式倒是其次。

調整元辰宮後會有哪些行為改變呢？

第一，會變得愛乾淨。本來不怎麼打掃家裡的自己，可能在調整完元辰宮後，回家的第一件事就是做居家清潔。這種也是顯化的一種，但不一定只限自己，有時會影響到周圍的人。舉個例子，有位個案在調整元辰宮後的當天，她那很少做家事的婆婆竟然主動打掃起屋子裡來，她回家見狀是驚訝到不行，心想這顯化也太快速了吧？

第二，積極度提升。在面對工作、金錢、感情、健康上會變得更為主動，本來對工作比較消極，可能在調整後就會有了積極的慾望；本來對金錢是夠用就好的心態，在調整後就會更積極去開拓財源；本來對感情是有也好，沒有也罷的想法，在調整後會更願意去認識新對象，拓展自己的交友圈；又或是對健康從來不關心，但在調整後會開始注重生活作息，對自己的身體會格外注意。

第三，願意溝通。有多少的問題源自溝通不良，家庭不和諧、夫妻吵架、情侶冷戰、友情失和，這些問題看似很大，實際追究起來根本問題很小，卻往往讓雙方一言不合，大打出手，更甚者是反目成仇，說到底就是沒有一方願意放下身段溝通。

然而這樣的問題會在一次又一次的調整元辰宮後有所改善，你會發現原本對家人講話口氣不好，在無形中自己改變了態度，不僅願意溝通，語氣也會較為平和。這當然不是一次、兩次的調整就會有的成果，最主要還是在於自己有沒有想改變的心，有心才會事成，無心也不過是白費力氣。

伍 元辰宮的五大景點介紹

酉
天市
天廚
寅
艮
丑

伍 元辰宮的五大景點介紹

1. 我的守護神：

每個人至少會有一尊守護神，守護神代表的是當下的課題，如果守護神的數量愈多，表示當事者目前需要修行的課題就愈多。守護神一般會出現在神桌上，不過也有遇過守護神在神桌下的，但這種現象就不太好，要及時更正，將守護神請到神桌上。

守護神會依據個人的宗教信仰呈現，基督徒的大多會出現耶穌，道教和佛教的就會有觀世音菩薩、關聖帝君、濟公、釋迦牟尼佛、媽祖這類比較常見的神佛，藏傳佛教會有綠度母、菩薩，當然守護神不會只有這些，有些較特別的不以實像示人，曾經也有看過水晶柱形、水滴狀或光束型態的守護神，這都是根據個案當下的狀態去示現。

前面的文章提過，元辰宮不是一成不變的，它會隨著人的心境下去轉換，守護神也是，這三個月是觀世音菩薩，三個月後就變成了釋迦牟尼佛，然後又可能過了幾天又變回觀音，這時我們就得去思考為什麼守護神會變換的原因？祂又是要告訴我們什麼信息呢？以下列舉幾尊較常出現的守護神。

守護神為觀世音菩薩代表當下要修習包容和慈悲；釋迦牟尼佛則是修圓融；千手觀音表示家族業力大，需為家庭無私奉獻；關聖帝君拿書則為領導、統禦、會計，若是拿刀加騎馬，則與業務、衝刺有關。關聖帝君還有另一個形象是佛教護法伽藍菩薩，一般祂的刀往下放，左臂上揚，旁邊還會有韋陀菩薩，這是代表要多注意關心父親或爺爺的狀況。

光從守護神就能發現很多訊息，老師在帶領個案觀元辰宮時，守護神是不能忽略的細節，就是在觀完要出來之前，還要再去看一下守護神，向祂道個謝，所以守護神在我們的元辰宮有舉足輕重的份量。

2. 大廳：

大廳掌管大運，與福報、人際互動、識人指數相關，是一個很重要和必定要調整的地方。倘若其他地方都調整得很好，唯有大廳沒有整理，在一定程度上還是會影響到運勢，大廳可說是一個人的命脈，它好其他地方才會好，換言之，其他地方若不好只有大廳好，還是能讓運勢不至於太差。

大廳的窗戶代表人脈關係，窗戶愈多表示人際關係愈好，在現今的社會想要賺錢，人脈就更顯得相當重要，所謂人脈等於錢脈，人是群體動物，單打獨鬥不僅辛苦，也難累積財富。

我們在調整大廳時還要注意天花板、地板、牆壁是否有髒污、裂痕、蜘蛛網，還有大燈夠不夠亮？窗戶的樣式是不是透明的？乾不乾淨？若為彩繪玻璃則有識人不清的疑慮，易被騙色；霧玻璃則易被騙財。當出現這些問題時，就要請管家幫忙處理。

有一種情況較為特殊，窗戶是造型窗，這表示其人虛有其表，與人來往時只做表面功夫，實際上是很排斥跟人接觸的。我們都會想要交一個知心的朋友，但是如果當自己都不願敞開心胸去接納別人時，又怎麼會有人願意真心相待？

看完窗戶還要看大廳是否太過空曠，有些人的大廳什麼都沒有，我們就必須引領著他們放置一些傢俱，沙發、茶几是必備，顏色可挑自己喜愛的，想在桌上擺瓶鮮花也是可以，如果還再加台電視也沒關係，就是不能一無所有。

3. 廚房：

財富是維持生活品質的基本，想求財的人就要來廚房調整。廚房有幾個重點要整理：爐灶、柴、米缸、水缸、菜櫥、餐桌餐椅、窗戶、冰箱，大燈要大且亮。

爐灶又細分為：燒柴式古代大黑鍋、現代瓦斯爐、電磁爐、天然氣瓦斯。灶不可放在露天之處，有些人的灶不在廚房裡，而是放在後院，賺來的錢都是別人的，所以要移到室內。

爐灶是大黑鍋者有小老闆格局，屬於有做有錢，沒做沒錢的賺錢格局。

天然氣瓦斯爐屬於自然來財，賺錢方式較大黑鍋輕鬆。

電磁爐適合從事期貨、外匯，熱錢之類的賺錢方式。

灶上需有煮食，若鍋內是空的要請廚師或廚娘幫忙煮上食物。

爐火大小與個人賺錢的動力有關，沒有火就是目前沒工作，小火是對現在的工作力不從心，大火則是對當前的工作非常積極，賺錢慾望強大。

在爐灶旁邊會放置柴（財），其高度要適中，過高或過低皆不好。

米缸是財庫的象徵，缸不能有破損和裂痕，米也不能發霉或發黃，米量不可溢出，有米蟲要處理掉，米缸最好不要加蓋，顏色也不宜太深，若有發現米缸出狀況，可請廚師幫忙換一個新米缸。

水缸是流動現金的代表，水缸太小就是每月的金錢流不多，水太多或太少都不宜，最好維持在八分滿。水要清澈，裡面不能有青苔或養魚，缸的材質以陶瓷為佳，也不能加蓋子。

菜櫥表示來自原生家庭的金援有多少，裡面要擺放鍋碗瓢盆，大件物品放下方，小件物品放上方，不能太過空蕩蕩，最好擺滿和整齊排放。

餐椅與掌管的員工或下屬人數有關。

餐桌為西式長條形，正在談遠距離戀愛；圓形是做事圓融；方形是做事有原則和規矩。

冰箱可看現有的不動產有多少。從冰箱的類型（幾門冰箱）可知道擁有怎麼樣的不動產，是別墅還是小套房都能從冰箱得知。

窗戶的扇數可知道投資方向。一般一扇至三扇，可投資不動產、基金、儲蓄險、買賣外幣、股票。窗戶不可為霧玻璃和彩繪玻璃，最好就是透明玻璃且要乾淨。

灶神的衣服顏色代表當前適合從事的行業，以五行下去區分。

藍綠色為東方財神，五行屬木，可做與木有關的工作，例如：傢俱、花店、美工、國小國中老師。

白色為金，可找與金屬相關的行業，如：銀行、汽車、軍警。

紅色屬火，行業別可從事火鍋店、保險業、快炒類的工作。

黑、紫色是水，可做咖啡業、海產業、貿易類。

黃色為土，建築業、礦業都很適合。

廚房若有通往後院的門，切記不能上鎖。若只有門框卻無門，易被劫財。

後院有水井要在上方加個像涼亭的屋頂，不可曝曬於陽光之下。

4. 臥室：

感情一直是人生最大的課題，幾乎超過一半的人來觀元辰宮，是與感情有關。

從臥室的床、枕頭可看出感情狀態，想終結單身的朋友，床型就必須是雙人床，窗戶也要打開和保持乾淨。

床代表單身或有伴侶，枕頭主頭腦思緒，若已有伴侶者，枕頭超過兩個，是精神外遇的象徵。在床邊會放有鞋子，正常情況下要有一對，一雙是自己的，另一雙是伴侶的。鞋子超過兩雙表示同時發展很多感情，最好要清掉。

床太高或太低皆不好，高度要適中，否則會影響感情運勢。想要有對象的人，床單的顏色最好不要是紅色、黑色、素白色、灰色，這些顏色一旦出現一定要換掉。

臥房除了雙人床還有另一張小孩的床，會讓夫妻二人常為了孩子的事爭吵，所以也是要處理掉。

單身者招桃花首先把窗戶全打開，然後在窗台種花，一次只種一個品種的花，超過一種會有爛桃花。從花的種類可以知道另一半是什麼個性，例如玫瑰花的人講話帶刺，會不小心傷到伴侶。老師會建議種桃花或繡球花。

臥房還有一個重點就是梳妝台。去照梳妝台的鏡子，看看鏡中的自己有什麼變化？臉色若是蒼白和頭髮散亂，就可以問問鏡中的自己為什麼會是這個樣子？有什麼方法可以改善？梳妝鏡還有一個功能就是可穿越前世和未來，有滿多的個案在這裡遇見自己的前世。

梳妝台的抽屜裡會有珠寶盒，盒內要裝滿珠寶首飾；抽屜若太亂則是家運散亂；抽屜若是空的代表沒安全感。

有些人的臥室還有更衣間，這是暗財的格局。更衣間要有門，裡面的衣服擺飾要整齊排放，不可散亂。

衣櫥內的衣服若太多，在感情上會委屈自己，補救方式就是掛上各式各樣的衣服，衣服的款式要自己喜歡的，多餘的就要淘汰掉。

藏寶箱一般都放在衣櫥內，可以打開它看看裡面有什麼東西，最適宜的就是存摺、房地契、印章、紙鈔這類物品，其他如地圖、照片、信、飾品之類的東西要放在適合的地方或處理掉，否則會影響感情運勢。

臥室的大燈又大又亮又圓，主紅鸞星動，近期會有桃花出現。天花板和地板也要乾淨整潔，如有破損和裂痕必須即刻調整。

5. 書房：

自行創業的人最注重事業未來能否經營順利，求功名利祿的人，不論是考試或升遷也是要來打掃書房，一旦書房調整好了，事業和工作還有考試方能手到擒來。調整書房的重點有幾點：書桌、書櫃、窗戶、大燈、天花板、地板。

書桌要保持整潔，不可髒亂，也不可有書隨便堆疊。書桌上最好要有筆，並且要整齊放進筆筒，不能寫的筆要丟掉，補上新的。筆主思想，沒筆代表頭腦空空，考試不容易通過。

書桌上的檯燈代表小考，若檯燈不亮即是小考不佳。以職場來看，檯燈不亮是人緣不佳，考績相對不會好。檯燈再搭配上書房主燈，兩者皆亮的話，既能獲得主管提拔，也能通過大小考試。特別提醒一點，大廳的調整和書房是相得益彰，考運想要好，大廳千萬不能忽略。

書桌不穩，在職位上有可能隨時被換掉，請管家換張新的桌子。

書櫃上的書籍若不合時宜就要換掉，擺上自己喜歡閱讀的書籍種類。櫃上的書不需補到全滿，要留一點空間隨時擺放新書。書櫃像圖書館那樣一排又一排分門別類，可在這裡翻閱自己的前世今生。

大燈、天花板、地板、窗戶要打開且維持乾淨，開啟的窗扇不能向外推。

地板有鋪上一層地毯的要看乾不乾淨，髒污的要換掉，否則會影響事業運或考運。

書房還有一大亮點就是翻閱無字天書，若想知道前程運途，或是父母想知道孩子適合讀什麼科系，皆可以從無字天書得到指引。

無字天書蘊藏著許多資訊，這些資訊對我們的未來規劃很有幫助，可從中知道今生的使命和課題，也可以藉由翻閱無字天書瞭解自己的前世今生，不過在看之前要記得佈結界保護自己。

有些人的書房會有書僮或顧問，如果書僮是以長輩的樣貌出現，要小心自己是否過度依賴，缺乏獨立性，最好要換掉。

有時候書房裡面還會有一個房間，這叫房中房，主當事者在工作上會有豔遇的對象。這種格局若是在另一半的元辰宮看見，就得特別注意了，通常會建議把小房間打掉，避免伴侶有出軌的情況發生。

6. 花園：

花園可整理的地方是生命樹和生命花。不管男生或女生都會有生命樹和生命花，在這裡會有園丁幫忙照料生命樹和生命花，不過有的人進到花園並不會看見園丁，這時候就要客氣地把他請出來。

生命樹主掌健康，生命花代表人生的使命，一般並不會輕易換花。

生命樹的樹身就是我們的身體，樹根是腳，樹葉表大腦，樹葉要圓人際關係才會好，葉形太尖又帶刺，講話夾槍帶棍，易得罪人。

生命樹若出現以下的狀況就要立刻請園丁處理。

樹根長菁苔、樹根外露、樹幹有樹洞、樹的周圍有小石頭圍繞、樹上有鳥巢、樹幹有蜂窩或螞蟻窩、樹鬚太多、樹有金龜子和瓢蟲、樹上掛有鞦韆或麻繩、樹被柵欄圍住，以上這些情形出現會對健康造成影響，要謹慎處理乾淨。

生命樹不宜種在懸崖邊，若有此現象，要請園丁移植到適合的地方。

生命花是何品種各有其意義，如有花中之王美名的牡丹有富貴的象徵；芍藥代表權貴，因可入藥又有療癒他人之用。

生命花過小表此人極度沒自信，要大一點才好。

此外，我們還要觀察生命花是種植在什麼地方，若是種在盆栽裡就要轉換地方，最好的方式就是請神明賜一塊寶地，再把花移植過去。

看完生命樹和生命花，還有一個地方與後代子嗣有關，就是子嗣叢。想知道生男或生女從子嗣叢可得知，樹代表生男，花就是生女。

從花園也可知道一個人的貴人運好不好。

一進到花園就看見很多蝴蝶和蜜蜂飛舞，這就表示貴人運很好，在各方面都能得到貴人相助。蝴蝶是女性貴人，蜜蜂則是男性貴人。

生命樹的周遭有貓頭鷹、蝙蝠、喜鵲飛繞，代表你做人做事贏得眾人的好口碑，千萬別讓園丁把牠們趕走。

生命樹和生命花的土壤顏色太黑，對健康有不良影響，也要請園丁處理。

在生命花園裡面也可以看出靈魂的意圖，比如想生孩子卻總是懷不上，懷上孩子又留不住寶貝，生命中孩子遇到意外事件不得不離開，能量意識卻在父母身邊逗留。

陸 常見問題大蒐集

天市
艮
丑

陸 常見問題大蒐集

1. 觀元辰是否有年齡、性別、月經、時節、禁忌等限制？

答：觀元辰宮沒有這些限制，只要能夠表達清楚，讓老師帶領進入內在，是沒有什麼限制的。

依照我們的服務案例，最小有過三歲來觀元辰宮，是一位母親帶她的孩子來觀，年齡並沒有限制，年紀多大都可以來觀。性別、月經也不影響，至於禁忌的話也只有一點，就是在觀元辰宮的當天不建議吃跟巧克力有關的食物，其他均無大礙。

也有不少人疑惑學習元辰宮是否要帶天賦？其實並不需要，因為我們與生俱來都帶有各自的使命和天賦，來上課會知道自己的強項是什麼，比如說有些人的直覺力很強，那他就是感覺型的人；有些人聽覺力很厲害；有些人視覺力非常敏銳，透過學習你會知道用什麼樣的方式來調整自己的內在，讓自身的感受力逐漸提升，這些都是可以被訓練的。

再提一點比較特殊的情況，有些學生是視障或弱視，有些是肢體障礙者，甚至是聽障人士，但他會說唇語，只要他的意識是清楚的，這些人一樣都可以來學習元辰宮，而他們在學習完成之後，去幫助和他們有相同狀況的人，讓他們看到希望之光。

元辰宮被歸類為自然預防醫療學，也能協助治療抑鬱症患者，也有精神科醫師、外科醫生與中醫師等專業從業人員前來學習，在國外也有做為臨終關懷上應用。

絲雨老師的元辰宮教學非常有系統、制度、條列、規矩，每天的課程有一定的規範，只要照著老師的課程系統去學習，都能有所收穫。除非今天你有大量服用藥物的習慣，那麼老師會建議先從做個案開始，等到狀態較穩定了再進入學習。

2. 需要觀幾次才有效？

答：在個案第一次調整完元辰宮後，我們會建議客人隔二十一天，四十九天，一百零八天再進行調整，這個數字是有統計的，人的身體在21天後身體接受度會很高，體內循環也到一個最佳狀態，之後再來調整會更好。

那為什麼有些人的效果並不顯著？因為每個人自身的能量並不一定，觀一次元辰宮只能調整一個地方也是有可能的，這樣的人可能就得多觀幾次才能調整好；有些人很快速，一小時就可以看完所有的景點，這樣的顯化就會來得快一些。

再者老師會根據個人的情況所派出的功課也不一樣，如果不確實去實施，整個調整效果會是有限。

我們做過一個統計，當天觀完元辰宮就有顯化的客人也有，最久半年才有效果的也有，平均大概在一個月至三個月之間會有改善。觀完後的一個月內有顯化就都算快了。

不過前提是，元辰宮強調我們的靈魂意願，如果他們不想改善意志，即使老師幫忙調整，還是很快就會轉化回原狀。

曾有一個大陸的個案，在觀完的隔天就接獲一筆可觀的訂單，所以每個人的顯化不一定，要看自己內在靈魂的接受度，和本身是否有強烈的意念想改變當下。

3. 看不到怎麼辦？

答：太多人誤以為來觀元辰宮就一定會「看見」。很多時候元辰宮並不是用視覺來看，而是用聽覺、嗅覺、觸覺、味覺、感覺、意念察覺來看。看不到就不要強迫自己一定要看到，愈是執著在一定要「看見」這件事上頭，反而會干擾了其他覺知的共振。

在開始觀元辰宮之前，老師會介紹如何用五感六覺優先順位進入元辰宮，大部份的人來觀都是從意念與感覺開始，視覺力並不是很明顯，有時只有一道白光閃過，有時看見的畫面暈黃矇矓，有時全是一片漆黑，這個時候我們不妨試著從第一個意念與想法感受、感覺下去觀，第一個跑進腦海的念頭就是我們的感覺，以這個方式下去觀元辰宮，跟用視覺下去觀，其成效都是一樣的。

人的內觀能力是可以被訓練的，視覺力是會逐次被啟發，雖然一開始看不見，那也不用擔心，只要不厭其煩地內觀自己，五感六覺會一一開竅。

4. 可以看別人的元辰宮嗎？

答：元辰宮只限直系親屬、有法律關係的夫妻可以代觀，但是只限於有守護神的允許狀態下。其他諸如兄弟姊妹若想幫他們觀的話，要在本人同意下才能進去，否則是不允許代觀的。若只是單純的朋友關係，只能面對面親觀，不然是無法看別人的元辰宮。

原因在於我們清理元辰宮是清理當下的狀態，直系親屬有血緣關係，夫妻有婚姻關係，但清理程度要看那個人的允許程度，若在當事人不同意的狀態下去代觀，不知道會不會間接或直接影響了委託代觀的人，這一點要先瞭解清楚，不過最好還是事先取得事主的同意較為妥當。

那你可能會疑問，老師又怎麼可以幫人代觀元辰宮？因為在個案的同意之下，老師有了被允許代觀的資格，就能夠替人遠距代觀，但是進去的程度要依當事人的防禦性而定，每個人都有一定的防禦心，防禦心太強的個案可能無法進去太深入，在代觀之前老師都會先跟個案說明與溝通服務的加強重點內容等。

5. 是不是把福報移來提前使用？

答：福報因果關係，如果用二元對立來思索，可能會擔心會不會改變因果，提前透支福報。但是我們實際活在三次元的世界（長寬高所組成的世界），卻用二次元（是非對錯高矮胖瘦）的腦袋思考，反而會侷限我們自己的思維，所以站在四次元（長寬高加上時間）的角度去思這件事情，加米加水不會提前透支福報，它是心念的轉變，境隨心轉，創造命運的過程。就像吸引力法則，我們向宇宙許願，宇宙是會給予我們超出我們預期的豐盛。

元神宮強調的是我們內心對於自己的認知，如果自己沒有想要改善的意願，就算老師幫忙調整了，之後也會隨著舊有的環境跟慣性再變回原形。

調整之後，老師根據每個人的情況佈置的作業和功課，如果不落實到位，調整的效果也是有限的。調整的是當下能量場的狀態，之後也要做好事不做壞事才可以的。

6. 如何辨別是否為自己想像的幻覺？

答：潛意識會從我們成長以來所經歷過的經驗當中擷取它想要表達的畫面，

從內在「湧出來」自動且無法控制的（例如眼皮或是肌膚跳動般自動性的）。自己刻意想像的畫面，則需要不停重複建構，會有用力卻出不來畫面的可能，並且每次架構時會不太一樣；最大的差別在內在潛意識裡自然跑出來的畫面可能是你曾經經歷過的，或是拼貼的，或是電影或是電視劇裡的狀態，臨場感十足。身體的感受是真實的。

左腦偏向理性，右腦傾向感性，當右腦釋放畫面出來時，左腦跑出來干擾，這個畫面就會不穩定，你會開始自問：這是我想像出來的嗎？這是真的嗎？這就是猴子般的大腦在運作，在你的腦袋裡干預碎唸，左腦的批判性讓你失去了信心。

多數時候，人們想像出來的東西要一個一個去建構，比如我們講到廚房，老師都會是開放性的問句，若你是想像的就會開始建造廚房的結構，鍋子、冰箱、窗戶，一樣一樣慢慢地架構出來，需要花上大把的時間來穩定畫面。但是觀元辰宮是整個畫面一起浮現，我們一說到廚房，你的右腦就釋出一幅畫面，這個畫面裡的物品是一起出現的，不是一個一個跑出來的，我們用這樣的方式去分辨。

一般我們想像的畫面會從曾經看過的事物建造出影像，但如果在觀元辰宮時浮現的是從未見過的畫面，也可以此判定這不是自己想像，不然世界上有那麼多不同風格的格局，為什麼你的廚房偏偏是古代燒柴爐灶呢？怎麼不是我們習慣用的瓦斯爐？為什麼你明明喜歡現代簡約風的臥房，但元辰宮的臥房卻是日式和風呢？

這就是想像和自然浮現出來的差別。

7. 有宗教的限制嗎？

答：元辰宮和宗教信仰沒有什麼矛盾衝突，雖然這個法門來自北宗神秀大師，但卻是個人人得以修習的內觀心法，不會與佛法或其他任何宗教有衝突，重點在於是否相信自己可以轉好運，並身體力行去改變。

北宗神秀大師講「身是菩提樹，心是明鏡台，時時勤拂拭，勿使惹塵埃」。南宗六祖慧能大師講「六七因上轉，五八果上圓」。我們需要勤去關照自己的心，常常拂拭，才不致蒙塵，才能有好的果。最終達到惠能大師的「菩提本無樹，明鏡亦非台，本來無一物，何處惹塵埃」的境界。

我們服務過的客人宗教形式不一，有天主教、基督教、佛道兩教、一貫道、日蓮正宗，甚至是回教徒都有，所以誰都可以來觀，只要自己願意。

你也許會驚訝連基督徒也有，因為在西方元辰宮稱為生命殿堂，或是心靈殿堂，當你再度體驗到神與你同在的體悟、聖靈充滿的感受，你自然會回到神的身邊。

許多對自己內在的力量或是信仰感到沒有自信時，透過元辰宮（生命殿堂）

的調整，你會再度找回屬於你的力量。如果你擁有宇宙觀、用科學的方法探究心裡狀態，那麼更適合學習這套法門技術。

8. 元辰宮內的景象會變嗎？

答：會。調整前和調整後的元辰宮會不一樣，如果有定期調整，那麼格局便會加大，外觀也會改變。我們以廚房為例，原本是傳統燒柴的爐灶，經過幾次調整後可能就變成了瓦斯爐，窗戶也增加了一扇，餐桌椅也多了兩張，諸如此類的變化都是很普遍的。

當你定期回來鞏固元辰宮的能量，元辰宮的格局只會變大不會變小，若外觀原本是茅草屋的，在愈來愈穩定後也能變成城堡。

9. 有冤親債主怎麼辦？

答：元辰宮內出現冤親債主也不必太害怕，他有可能並不是以我們所害怕的形象出現，反而是以小動物的方式與我們見面。這個過程我們可以請守護神協助幫忙，在與對方理性溝通後，詢問他有什麼需求，談好一個雙方都可以接受的條件後，再將他送走。

10. 會不會回不來？

答：不會。觀元辰宮不是觀落陰，是回自己靈魂的家，並不危險，可以觀進去，自然也能夠出來。

11. 觀元辰宮有危險嗎？

答：元辰宮這個法門其實是完全沒有危險的。在觀的過程只需要放輕鬆，甚至觀到一半眼睛張開也是沒問題。一般人覺得有危險是因為將觀元辰宮與觀落陰搞混，以為觀元辰宮也是要下地府，這是謬思，觀元辰宮是觀當下，看的是個人當前的心靈狀態，並不需要下探地府，所以不必擔心。

12. 農曆七月可以觀元辰宮嗎？

答：在回答這個問題之前，先告訴大家一段歷史。明朝年間，農曆七月又稱帝王月，是貴族們下葬的好月份，為了避開人們在這個月份做出些可能影響皇家運勢的事情，所以皇帝就詔告天下，農曆七月是諸事不宜的月份，然而以命理的角度而言，農曆七月是吉祥月，當然就可以觀元辰宮了。

可能有部份的人還是會對農曆七月感到恐懼，畢竟這個習俗在民間流傳了上百年，一時之間很難根除，不過若是帶著害怕的心理來觀元辰宮，其實這個時間點很好，因為觀元辰宮是調理內部的能量，在這個特別的月份更能起到安定心靈的效果。

13. 元辰宮和塔羅占卜的差別之處？

答：元辰宮調整的是整體大運和現狀，包含我們的感情、財運、事業、健康，都可以直接去調整能量狀態。

塔羅占卜比較偏向去解決問題，有淨化的功能，但無法很細膩和直接的去清理打掃，讓整體能量調到最好。可能你有個決定需要做出選擇，卻始終拿不定主意，這時候就可以求救塔羅占卜，問是選A比較好還是選B？反觀元辰宮就無法那麼準確的回答問題，所以有的客人會將元辰宮和塔羅占卜搭配一起用。

有多次觀元辰宮經驗的個案就想到，不是可以請教守護神問題嗎？

當然是可以的。只不過元辰宮看的是當下的能量，守護神也是依據你的現狀下去提供，所以祂無法給你一個很明確的回答，有時候祂只是微笑以對，甚至是不願意回答。

然而塔羅就不一樣了，它能夠針對你的問題，清楚指引未來三個月至六個月這段期間，你該走的方向為何，你的選擇A和B，選B會比較好，雖然B不見得是最好，但是塔羅占卜會分析利害關係，兩相權衡之下，B是相對較好的選擇。不過最終的選擇權還是在自己的手上。

14.可以透過觀元辰宮看見過往的親人嗎？

答：當客人提出這個疑問或要求時，我們會先詢問他想見親人的目的是什麼？因為有的人太過思念逝世的親友，睡眠就出了問題，或者是精神狀況因過於悲傷而受影響。老師會建議客人先調整好當下的狀態，唯有先將自己照顧好了，那些被惦記的親友才能放心去應該去的地方。

有客人曾經在元辰宮見到過往的父母、爺爺奶奶，老師就會引導客人跟他們說心裡的話，讓客人可以放下心裡的歉疚，已逝的親人們才能夠安心離開。

15.觀元辰宮會不會遇到過去的自己？

答：是有這個可能的。老師有很多個案都曾在元辰宮內遇見前世的自己，在這個部份就會協助個案處理，前世會出現必定有原因，有可能過去你曾因為什麼事而放不下，導致今生在心情上頗為糾結，這時就會協助個案和前世進行對話。

也有在元辰宮內遇見前世的情人這種案例，老師一樣會協助個案做一個轉化處理，讓他在今生的各方面運勢獲得較好的結果。

除了前世之外，有個案曾在元辰宮內看見小時候的自己，這代表個案有過一些童年創傷，童年過得不開心。面對這種情況，也是要協助個案做轉化，在調整完之後，個案就會慢慢的發現在面對感情或生活時，他的心情會變得較為正向。

16. 一生當中能觀幾次元辰宮？

答：只要學習正確的調整元辰宮方式，其實是可以天天調整的，只要自己肯用功，不怕累，就可以每天進去調整。

部份人有睡眠障礙，長期服用藥物，還能觀元辰宮嗎？答案是可以的。當你學完之後會發現，觀元辰宮的另一個好處是容易入眠，因為能量上已起了變化，就會愈來愈好睡了。

17. 孕婦可以觀元辰宮嗎？

答：可以。就像前面說過，只要意識和表達夠清楚，任何時候都可以觀元辰宮。但是有一種狀況例外，就是孕婦和其親屬對觀元辰宮有疑慮，誤以為觀元辰宮和觀落陰是同一件事，而在經過解釋後還是會擔心害怕，那就不贊成來觀元辰宮了。因為心理上對觀元辰宮存有恐懼，即使觀入了也容易因為一點風吹草動而受驚，這種驚懼的情緒會影響到胎兒，故會建議生產完後，對元辰宮有比較清楚的瞭解了，再來做諮詢會比較好。

18. 幫助別人自己的能量會不會受損？

答：不會的。老師在上課時會強調一定要先照顧自己，從自我的修身開始。課堂上學習完一定要自我練習，將自己的能量提升，才能去幫助周遭的人。當自己的意識、靈性體成為正的能量流，你才能擴散、佈施，讓他人也可以受益，也才能積福德。

柒 案例分享

天市
天廚
艮
丑

柒 案例分享

1. 整體改善

個案一、大廳是觀元辰宮的基礎，關係著我們的運勢

早在三個月前，小狄就已經預約觀元辰宮，因為他對元辰宮感到好奇，見電視上有人去觀元辰宮講得很有趣，他就想知道現在的整體運勢是否哪裡需要加強。

小狄很年輕，才二十出頭，剛出社會不久，一進到元辰宮便看見房屋外型是個三合院。走進三合院內，來到神桌前站定，上面坐著一尊他不認識的神明，詢問一下方知是玄天上帝。

神桌上的燈光不亮，這點明了小狄最近精神不佳，他本人也承認的確如此，因為工作關係，讓他這陣子比較晚回家，睡眠也因此不足，早上起床總覺得疲累。守護神告訴小狄可以多吃一些補氣的食物，老師協助他調整了神桌這個地方，接著請他到掌管大運的大廳。

從大廳裡也瞭解到小狄比較封閉自己的內心，對別人習慣保持距離，不易讓人太過靠近，而他也算得上是悶葫蘆一個，不輕易表達自己內心真正的想法，導致別人對他容易產生誤解。

在調整完大廳之後，便進到了小狄的廚房。小狄從廚房這裡知道了自己的理財特質，賺錢方向，當然也一併得知適合的理財方式。從元辰宮回來後，老師指出小狄雖然年紀輕輕，其實是個思想傳統的男生，小狄說他自己確實比較大男人，女朋友也覺得如此。

最後老師提醒小狄少去陰晦的地方，可以的話盡量早點回家，並記得去寺廟謝神。

小狄觀完元辰宮沒多久，就感覺到運勢起了些微奇妙的變化，除了工作更順利外，投資眼光也更準確，還有他的健康，自從可以正常上下班後，晚上就睡得更好，常常一覺到天亮，整個人容光煥發，連女朋友都感到莫名其妙，他的耐性似乎比之前更好，現在小倆口也較少有口角。

小狄覺得很神奇，明明他只調整了大廳和廚房，怎麼好像各方面都變得比從前好一點了？

其實我們在調整元辰宮時，無論如何，大廳是必觀的景點，因為最基本的就是顧好大運，才能再去談其他，而小狄正是因為大廳有調整好，連帶的牽動其他地方的運勢，正是牽一髮而動全身，元辰宮的調整不是只看單一，往往是每個景點都互有關聯。

個案二、EQ的高低其實和心靈風水脫不了關係！

EQ，中文譯為情緒商數，由美國心理學家彼德．薩洛維於一九九一年創立的一種自我情緒控制能力的指數。透過對EQ的認識和瞭解，以及控制情緒的能力，可知道一個人的脾氣好壞，EQ低的人可能容易感到壓力，或者對自己沒有自信，在表達情感上有困難，容易因為別人的三言兩語而感到被冒犯，甚至被誤解，這些問題都會替EQ低的人帶來不良的人際關係，有時還會影響到和另一半的相處。

那麼有什麼方式可以將EQ變好嗎？除了接受專業的情緒諮詢，或許從內在的心靈風水打掃起也不失為一個好辦法。

老師剛好有一個與EQ相關的個案，志強自覺脾氣不太好，與人交往上有諸多障礙，話不投機半句多就算了，還常不小心說話得罪他人，簡直是禍從口出的代表，所以他希望藉由代觀元辰宮讓自己的人際關係和感情運加強。

志強的大廳偏暗，他的守護神是義薄雲天的關二哥，威風凜凜地拿著一把大刀，很是威嚴地端坐在深咖啡色的神桌上。可是很不妙的是老師發現了志強的神桌有點不太穩固，於是就幫他做了調整。

因為長年下來志強深受自己的情緒所苦，所以在整理完大廳和神桌後，老師緊接著來到跟健康和個性相關的後花園，在這裡可以幫志強加強他想改善的部份。

老師一進到花園就看見志強的生命樹被圍了一圈鐵製柵欄，生命樹的樹幹還長有非常多的刺，這代表他在與人相處上言詞會比較尖銳，不夠圓滑，容易得罪人。

生命樹除了有這些狀況之外，在他的生命樹的樹上竟然掛著紅燈籠、紅緞帶、白衣服和其他雜七雜八的東西，而樹幹上還有一個小樹洞，洞內放著一粒粒的小栗子，整棵生命樹看起來不僅亂七八糟還陰陰沉沉的，一點朝氣也沒有。

然而志強的生命樹還不只這些狀況，在種植生命樹的土壤裡有一把古代長劍和石敢當，這些當然都直接或間接影響了他的人際運勢和健康，不過當老師替他清理這些問題後，他的生命樹周圍立刻就出現了一道很絢爛的彩虹，顯示著他即將展開新的氣象。

離開後花園，老師就進到志強的主臥室。主臥室跟感情運勢有關，想招桃花或是增進夫妻感情的都可以在這個地方進行調整。

志強有一張很大的雙人床，但是床上卻擺有古代硬式的枕頭，窗戶則關起了一扇，大燈呈現暈黃的浪漫，地板為木式。

雖然志強的主臥室也有一些問題，但只要稍加整理和加強就沒什麼大礙。事後老師為志強解說，提到他的脾氣很硬，還有內心深處的不安全感跟原生家庭有關聯。

之後隔了一陣子，志強分享了他的顯化狀態，說原本沒什麼桃花的自己，現在已出現一個讓他有好感的女生，兩人雖然還只是曖昧期，但很有希望能進一步交往，除了感情運有明顯變好，他的脾氣也比之前好了一點，與人相處上不再那麼針鋒相對，個性也有慢慢在調整，在說出任何話之前會先三思。

自從觀完元辰宮後，志強感覺到他的運勢變好了一點，不管是工作、交友、感情、財運、健康方面，都有不一樣的變化。

不夠深入瞭解元辰宮的人可能會誤以為調整元辰宮只能帶來財富、事業、感情、健康上的改善，殊不知連低EQ都能調到變高EQ，雖然乍看之下會覺得很神奇，可能也會有人直呼怎麼可能？但這都是活生生的案例，的確有人透過打掃元辰宮就把自己的EQ往上提高了一些些，志強就是很好的例子。

EQ低並不是什麼難以啟齒的事情，只要你願意誠實的面對自己，傾聽自我的聲音，找出情緒不佳的原因，從根本解決問題，那麼日後你也可以成為一個人見人愛的萬人迷！

註：本個案文章執行老師為絲雨老師二弟子子霈老師。

個案三、打掃元辰宮讓她不只投資不再失利，運勢也全方位提升！

女人要有錢，靠的不是男人，而是靠自己。有一句話大家一定有聽過：靠山山倒，靠人人跑，靠自己最好。

好的財運可帶來人生的色彩，壞的財運只會添加人生的黑白，你是否有過努力賺錢、存錢，卻還是入不敷出的窘況？又是否遇過左手進財，右手出財，錢留不住的慘況？

錢財莫名的流失一定有原因，只要找出問題的源頭再對症下藥，財運自然大展，而你對錢財也不會再一籌莫展。

個案小慈正是財來財去的代表，投資失利，正財和偏財也都不佳，前後幾次元辰宮的調整，令她大開眼界，直呼不可思議。

現在，我們就來看看小慈是如何打造她專屬的富貴好運。

小慈是感覺型的人，在初進入元辰宮時就聞到一陣香氣，她做出推門的動作，然後看到神桌上有一尊站立的土地公，視線再往下瞧，桌腳竟然只有前面的兩隻腳，相當不穩固。

站在一旁的管家伸出手指指向神桌下方，小慈順著管家的指尖望過去，看到一個布娃娃，桌腳邊還有飛鏢，相當詭異。

雖然神桌下放著奇奇怪怪的東西，但是神桌上有供品擺放，不過這些供品中有一串香蕉，小慈覺得很奇怪，因為她本身不愛吃香蕉，不知道為什麼會有這項水果。

看完神桌，小慈將目光轉往旁邊的牆壁，發現牆上掛著兩串古銅錢。老師引導著小慈調整神桌有問題的部份，接著就去掌管財運的廚房。

小慈的廚房挺現代化，有兩個瓦斯爐和幾桶瓦斯，但是爐上空空如也，並沒有烹煮任何食物。灶神身穿黑色服飾，我們請了廚師替小慈煮上一些東西，廚師幫小慈煮了雞湯。

再來看看跟錢財有關的米缸和水缸，小慈的米缸已經見底，水缸還有幾片浮萍，冰箱也很空，裡頭有一、兩個塑膠袋，小慈聞到袋內有食物餿掉的味道。

廚房的大燈有燈罩，裡面有一根壞掉的燈管，廚房也有破洞，觀到這裡，總算知道小慈的財運為什麼不好了，她的廚房實在有太多問題，老師協助她一一處理完後，請小慈看看自己元辰宮的外觀，是那種山頂洞人的石屋。

經過二十一天的能量轉化，小慈感覺到財運狀況變好了，本來容易漏財，現在已經不會了。

後來小慈又陸續回來調整元辰宮，她看見元辰宮外觀從石屋變成磚瓦房，守護神也從土地公變成手拿葉子的觀世音菩薩。雖然之前幾次有調整了神桌，可是她的能量不夠穩定，又再度被打回原形，桌上有一盞燈破了，桌下也有一些不該存在的物品。

通常調整完元辰宮會有二十一天的轉化期，老師會建議客人在二十一天後再回來穩固元辰宮的能量，因為有些人的能量會隨著心情而起伏不定，一開始最好要經常回家打掃才能把自己穩固在正向的能量中。

小慈的廚房經過幾次調整倒是愈來愈好，她的廚師這次替她煮了牛肉湯，米缸有了一點米，但是有點黃，還記得她初次來是半粒米也沒有，現在已是從無到有，這讓她很開心。

小慈本身除了正業外還有額外投資，先前都會投資虧損，現在已有改善，而她的正職工作也加了薪，她的口袋變深了，心情相對的也開朗了。

不要幻想世上有一勞永逸的事情，元辰宮轉運不是一次到位，當然也有本身能量就很強大的人，只需調整一次就有很大的顯化。但是大部份的人需要至少四次的調整，運勢才會慢慢啟動增強。

小慈前後來觀了很多次元辰宮，終於讓她的運勢整體拉抬，現在的她不僅感情、事業兩得意，健康也在她的掌控之內，人生求的不就是如此而已嗎？

我們都知道羅馬不是一天造成的，同樣地，元辰宮也不是一次就可以能量鞏固，心靈的家需要定期的灌溉滋養，三天曬網，兩天捕魚的心態是不可能造就良好的心靈風水，唯有時時勤拂拭，塵埃才能夠不沾染。

註：本個案文章執行老師為絲雨老師二弟子子霈老師。

個案四、解決了官司，意外開展全新的好運勢

出門在外應當以和為貴，若因小事惹禍上身，不僅得不償失，還要費神處理。個案阿倫正是因為小事而纏上官司，讓他覺得莫名其妙又無可奈何，處理了一陣子對方仍是不肯和解，只好找上老師協助他解決。

距離阿倫來找老師大約三個月前，有一天他開車至百貨公司購物，逛完準備開車離開時，有個冒失鬼從右邊朝他的轎車撞上來。

阿倫很納悶，他明明看了左右沒有來車才踩下油門，怎麼會有人突然撞上來呢？他當下撥了電話把警察、救護車及保險員找過來處理，接著便下車查看對方有沒有事。

那個自己撞上來的人是一位先生，他叫小許，身體大概只受了點輕傷，估計回家自己上個藥就沒事了。阿倫看了就放下了心，直覺應該可以大事化小，小事

化無，就安心地等著警察來。

警察來了先替小許做筆錄，詢問車禍的過程。原來是因為小許邊騎車邊玩手機，沒有注意前方路況才撞上阿倫的車子。

原以為事情就這樣結束了，誰知在保險員前去處理相關理賠事宜時，沒想到小許獅子大開口，一口氣要價理賠二十萬才肯和解，這個金額還不包含之前已經幫他付清的款項五萬元。

雙方在和解金達不成共識，就這樣拖了三個月，最後小許直接撂下狠話，說：「如果不給二十萬和解金，那就法院見。」

阿倫並不想因為這點小事就走到那個地步，於是他希望藉由觀元辰宮，提高對方的和解意願。

阿倫的元辰宮是一個天氣陰涼的秋天。走到屋內，老師得知阿倫眼前擔心的事，並不會真的鬧上法院，對方只是嚇嚇他而已。

但是阿倫還是不放心，便請他去詢問守護神觀世音菩薩，菩薩也給了指示，說這件事會和平落幕。老師請阿倫的管家將整個大廳清掃一番，並點亮神桌上的燈，讓他前方的路更加明亮。

大廳整理乾淨後，就去生命花園，請園丁協助調整花園內所有的狀況，順便幫他招了貴人。整個調整完後，阿倫感謝了守護神、管家及園丁，然後才離開元辰宮。

老師叮嚀阿倫要記得做功課，一定要確實完成才會對他的運程有幫助。

過了五天，阿倫接到小許來電，表示願以五萬和解，阿倫自是很滿意這個金額，二話不說答應。

阿倫在事情解決後向老師道謝，他還提到其他的運勢好像也變得好一點，像是他本來沒什麼偏財運，最近突然心血來潮跑去買刮刮樂，竟然讓他刮中了八百元，老師聽了當然替他高興。阿倫之所以能這麼快顯化，這當中有守護神的協助，最重要的是他有確實完成老師交代的功課。

人生不是在原地等待別人伸出援手就能高枕無憂，自己才是最關鍵的因素，自助，人助，這個道理相信大家應該都明白。

個案五、終結了孤單情人節，沒想到還順帶開啟了不一樣的人生

一年有三百六十五天，當中又有兩個節日讓單身的人更覺得孤單寂寞。不知道正閱讀此篇文章的你，是否因為找不到對象而無法過情人節和聖誕節？也許你已經很努力找尋另一半了，可是無奈仍躲不過感情空窗期的煎熬，難道命中注定真的要孤獨一生？

其實不用擔心，不是桃花不開，只怕你無心花開，桃花易求，好桃花難得，

只要用對方式，不怕 Mr. Right 或 Miss Right 不來。

老師的個案小琪，為了求得好桃花而來調整元辰宮，前三次的調整已讓她的運勢漸漸啟動，小琪為了讓元辰宮的能量更穩定，預約了第四次觀元辰宮。當她進到元辰宮時，出現了一道淺灰色的拱門，跨過拱門，來到大廳，看見了一整排的落地窗，非常的漂亮和乾淨，給人一股舒適明亮的感覺。

來到神桌，小琪的守護神是頭插髮釵、手拿楊柳淨瓶的觀世音菩薩，元辰燈是亮度足夠的黃光，神桌上還擺有百合花、香蕉、鳳梨、蘋果，整體的狀態還不錯，可見前三次的調整，有起到鞏固元辰宮的能量效果。

小琪想終結單身，希望現階段感情空白的自己能找到好姻緣。老師請她進到掌管感情的主臥室，那是一間古色古香的臥房，裡頭有一張雙人床，但沒有床墊、枕頭、被子，只有床板和一件單薄的被單。不知為何，小琪一進來就感到無比的沉重。

再走到梳妝台前，小琪看見鏡中有一名身形修長，年約二十七歲左右的古代女子，鏡中的女子身穿一襲雅致的旗袍，一頭烏黑的秀髮垂至腰下，這是小琪的前世。

那一世，小琪生於明末清初之時，是富貴人家的小姐，當她還是個小女孩時，有一日跟著一名婦人去市集遊逛，她的表情很開心，心情很愉悅，完全不知煩惱為何物。

畫面看到這裡，前世的自己就帶著小琪回來了，前世的她想告訴小琪，她並不孤單，仍有人在默默關心著她，之所以讓她看見前世自己逛市集的畫面，主要是要提醒她並不是一個人，只要自己願意放開心胸，多關心別人一點，正向思考也多一點，人生又何愁過不了的關呢？

梳妝鏡顯現出來的人、事、物自有一定用意，而在那裡面所看見的畫面，也一定是根據對當事人目前狀態的啟示，有時看似微不足道的事情，其背後可是有很深的含意，很多個案在梳妝鏡中找到屬於自己的人生密碼。

照完鏡子後，小琪走到衣櫥前面，當她拉開衣櫥的門，頓時一陣霉味撲鼻而來，聞得她整個人很不舒服。小琪就換了全新的白色衣櫥，也在衣櫥裡增添了衣服，除此之外，床鋪的部份也整理了一番，也開了窗，讓桃花更容易進入。

調整完主臥室，小琪回到神桌前向守護神道謝，這時觀世音菩薩卻拿起柳枝向她的頭頂敲了兩下，菩薩的用意是幫她去除霉運，讓她的運勢可以再好一些。

守護神本就是慈悲為懷的，當你用虔敬的心去懺悔、乞求時，守護神自會協助你心中所想。

原本小琪在觀元辰宮前，心情很是鬱悶煩躁，整個人就像是被一朵烏雲籠罩住，每天的心情不是陰天就是雨天，日子過得悶悶不樂。幸好她有自覺心裡的不快樂因子正在成長茁壯，她也願意跨出自我的設限，對外尋求幫忙。

現在的她經由幾次的元辰宮打掃下來，整個人已豁然開朗許多，看事情的角度也更廣闊，她覺得人生各方面似乎都在往好的方向發展，更棒的是還有人開始幫她介紹好對象了，這個結果讓她開心不已，我們都很期待下一個情人節到來之時，小琪能夠破除形單影隻的魔咒，身邊出現一個願意牽著她的手，陪她走過人生風雨的男子，不論喜樂傷悲，歡苦與共。

從小琪的例子我們可以發現，她的世界已經開始變得不一樣，因為她的心情轉換了，面對事情的態度自然也就不同了，一切不過是境由心轉罷了！

註：本個案文章執行老師為絲雨老師二弟子子霈老師。

個案六、只是改善睡眠品質，讓他看待事物的詮釋有不同的視野

小丁長期失眠，背也不時莫名疼痛，身體總是感到疲累，雖就醫卻始終無法

治癒，因此透過朋友的介紹來找老師觀元辰宮。

一進到大廳，小丁便看見神桌飄浮在半空中，桌上只有一樣供品，燈不夠亮，守護神是觀世音菩薩。

處理好神桌的問題，小丁來到大廳，只有一張單人沙發，沒有茶几，窗戶半開，玻璃還透著一層霧，大燈是水晶吊燈，天花板有幾何圖紋，地板鋪著一層灰色的地毯，看起來不怎麼乾淨。

先是協助小丁添加一些傢俱，再讓他將各處清掃，該換掉的東西都換了，緊接著來到花園。

小丁總覺得貴人運很差，他強調自己想增加這方面的運勢，老師先讓他去找自己的生命樹，在他的樹兩側各有一座鞦韆，附近還有些雜草，高度差不多到小腿肚。

樹枝乾枯，上頭綁著兩條黃色緞帶，還有幾條長長的 LED 燈，葉子枯黃，快掉光的樣子，整棵樹看起來就像秋天即將枯逝的老樹，趕忙請園丁幫忙灌溉滋養。很快地，小丁的生命樹變得朝氣蓬勃，葉子從黃變綠，由疏至密，乾枯的樹枝也有了水分滋潤，小丁當下感到身體一陣輕鬆。

調整完花園，因為還有一些時間，小丁就想去廚房看看。他的廚房倒是維持得還不差，只是有幾處小毛病，像是爐火不夠旺，柴不夠多，地板有一處小裂痕，其他諸如窗戶、米缸、水缸、菜櫥都還在標準內，沒花太多時間就調整好了。

在廚房之後，小丁又去了書房和臥房，兩者的問題都不大，很快就打掃乾淨。小丁自己也感到訝異，他以為這次頂多只能看兩個地方，沒想到他進行得那麼順利，完全沒有觀不進去的疑慮。

小丁的個性向來較負面，也常對雞毛蒜皮等小事計較不已，當老師一一點出他性格上的缺點時，他嘖嘖稱奇，直呼神準。

在調整完元辰宮的半個月，小丁二度前來找觀元辰宮，他告訴我們第一次調完元辰宮的當晚就變得很好入睡，一覺到天亮，中間也沒做夢，且困擾很久的背痛竟然不藥而癒，現在的身體充滿了精神，不再像之前那樣做什麼事都感到乏力。

除了期望中的改善，小丁本來有轉換跑道的打算，但一直都找不到合意的工作，騎驢找馬了好一陣子，終於在日前有好消息傳來，下個月就要到福利好、薪資優的公司工作，這算是他前次觀元辰宮意外的收穫。

由於小丁的元辰宮內的能量在無形中起了轉變，讓他在不知不覺中帶動除了健康運勢之外的工作運，整體的運勢在悄悄改變，是他始料未及，又令他歡欣的事。

2. 感情

個案一、感情路不順，竟是元辰宮的臥房出現了「她」！

元辰宮是一個可以被訓練內觀的法門。探索自身的元辰宮，可瞭解個人事業、財運、感情、健康、運勢等現狀，再經由老師的專業引導，消除當前面臨的困境，進而改善未來各方面的運勢。如果你想知道未來的發展，觀元辰也能帶領你進入未來的世界。

每個人都有一個先天的天賦，絲雨老師常以眼、耳、鼻、舌、身、意六覺比喻。眼就是視覺力，耳就是聽覺力，鼻就是嗅覺力，舌是味覺力，身是觸覺力，意就是念力。

無論哪一個天賦，都能進入元辰宮。

老師有個男生個案，他想要知道感情為何總是不順的原因，於是老師就領導著他進入他的元辰宮。

這位個案叫小方，他的元辰宮呈現夏夜的景象，夜空中有一些星星和月光。房子大門上了一道厚重的鐵鏈，根本就無法打開。於是請了管家協助開門，入內後先到神桌的部份觀看，發現神桌明顯往左邊傾斜，其中一盞元辰燈還閃爍著陰森森的綠光，然後個案看見自己的守護神是阿彌陀佛。

我們請了管家換一張新的神桌，再把元辰燈調亮，然後去看大廳的狀況。小方看見大廳的大燈是三角形狀，拆下燈罩後，裡面竟是一支支的日光燈，這部份也做了處理後，大廳整個明亮許多。

接下來就是進到掌管感情運勢的臥房。

臥房內有一張白色單人床，上頭有一床被子和一個枕頭，床邊放有一雙咖啡色的鞋子，床下還有個木盒，打開盒子，裡面放著他和舊情人的合照。除了這些，臥房裡到處散亂著手鍊，還有一面鏡子。

老師先引領小方把照片和手鍊處理乾淨，接著來到鏡子前面。小方從鏡子看見未來的自己，年紀約莫在二十七、八歲左右。鏡子裡的他竟然露出奸詐的笑容，還對他說「不知會不會活到二十五歲」這句話。

老師就協助個案處理，後來再看鏡子，裡面的人慢慢轉變成正常的笑容看著個案，還告訴小方要加油，像是為他打氣的樣子。

鏡內那個二十八歲的自己離開後，換了個被黑色袋子罩住頭的機器人。小方感覺機器人是面無表情，也不願意和他說話，後來經過一番協調，機器人就有比較開心，也說了要他加油和幸福之類的話。

機器人離開後又出現小方的前女友，其實這個前女友離開人世已經很久了，她也是說了些話，講完就消失了。

此時小方看見他的單人床上坐著一位阿姨，她說自己已經在這裡待了好幾年了，因為這個阿姨的存在會影響個案的感情狀態，老師也協助他處理轉化。

起初處理時，小方看到臥房的窗外有一層白霧包圍整棟房子，處理完畢後就呈現日光普照的景況，守護神也由原本的阿彌陀佛，變成斬妖除魔的九天玄女娘娘。

「逝著已矣，來者可追。」過去的就讓它隨風而逝，未來的才是值得追求。這個道理相信大家都明白，可是感情就是這麼一回事，不是說忘就能忘，說放就能放，過去甜蜜的回憶，才是最折磨人的地方。

從小方的元辰宮得知，他對舊情人似乎念念不忘，這種情形會反映在他的現實生活，這也是導致他感情不順的原因之一。

舊情人幾乎是每對熱戀中的男女最禁忌的話題，一旦其中一方的心裡還留有舊情人的影子，就會阻礙現在的感情狀態。也許自己不會發覺，但無形中就是影響了你。

每一段感情都是珍貴的，每一次的分手也是必有緣由，只是分手之後，該如何學習放下，才是最難的事。

感情中的酸甜苦辣唯有嚐過的人才明白箇中滋味，一時的放不下是必然，你可以悼念逝去的曾經，但請不要留戀追不回的過去。唯有敞開心胸，美好的風景才能盡收眼底。

個案二、因為觀元辰宮，讓他跟前任復合有望

普遍而言，因為感情問題來觀元辰宮的人比例較高，老師曾服務過一個特殊的案例，個案希望透過調整元辰宮，能和舊愛復合。

阿杰經由友人介紹，特地遠道而來，從國外飛到台灣調整元辰宮。

當老師引導他進入元辰宮時，阿杰發現自己的雙腳穿著女鞋，於是就請老管家幫他換了雙土黃色的男鞋。

阿杰有一個獨立的神明廳，但他的神桌下卻放著四面佛和如來佛，還有其他雜物，這裡就幫他調整，把他的守護神請到神桌上安好，接著看見原來神桌上已有一尊觀世音菩薩，所以他的神桌共有三尊神明。

守護神安頓好後，接下來就是元辰燈和光明燈的部份。阿杰的元辰燈是詭異的綠光，光明燈又少了一盞。另外他的大廳沒有大燈，天花板不只有髒污還有破洞，連地板也有裂縫，就請管家一併處理這些問題。

阿杰看見老管家在大廳裝上一盞紅燈籠，但紅燈籠不適合當大燈，於是又再換，這才換成了標準的大燈。

由於阿杰是來看感情的部份，所以就去看了臥房。

起初他到臥房時，看見一張雙人床，但床的一半都被黑影籠罩，還看到一個灰灰髒髒的枕頭，我們就請管家幫他換了張床，結果管家幫他換了張類似醫院的病床，於是再換，終於換成正常的。

然後阿杰又發現他的主臥有三面牆都是鏡子，而且還會不斷鏡子、牆面相互幻化；地板上的紅色地毯也不乾淨，準備看其他部份時，地板突然崩塌，整個人和主臥裡的東西都在空中飄浮。

這裡就請守護神幫他換上全新的地板，再來就看到有一雙女鞋，就又幫他換掉，結果還是女鞋，然後再換，這才換了雙男鞋。

阿杰的主臥有一扇可通往陽台的落地窗，此時陽台上卻出現一個似曾相識的男生，還有一株巨大的仙人掌。男生是阿杰的前男友，在這裡等了他八年了，老師就讓阿杰請守護神讓他離開，也順便把仙人掌處理掉。

才處理好這邊，馬上又發現他的主臥出現一位拿著骷髏頭的巫婆，幫他處理後，巫婆就跟阿杰比了個讚，表示很滿意我們的處理，阿杰也很安心，隨後巫婆就離開了。

此時阿杰又發現他的主臥出現一個清朝的鴉片吸食器，而他的浴室裡還有妖怪讓他不敢進去，我們就請如來佛祖來幫忙，只見佛掌一揮，妖怪不見了，浴室也明亮了。

調整完元辰宮後，老師告訴阿杰和前男友復合還需要一段時間，也提醒他小心第三者，還有他的磁場很容易吸引到肉體伴侶，另外還要注意別縱慾過度、性愛成癮。

因為他的神明原本是被放在神桌下，這代表他的運勢不好，阿杰也承認從下半年開始，運勢就莫名地很差，所以才特地來台灣調整元辰宮。

元辰宮改運是一種特別的法門。

有的人抱持好奇的心態觀元辰宮、有的人因為運勢出了問題來觀元辰宮、有的人為了讓運勢更好來觀元辰宮、有的人當是平時保健來觀元辰宮。不管是什麼原因來觀元辰宮，只要你願意相信、願意敞開心胸接納老師的給予，你也能觀元辰宮。

個案三、透過觀元辰宮度過感情危機

小艾是個無神論者，向來不信鬼神之說，認為人定勝天，命運掌握在自己手上。然而不知為何，原本快樂和諧的家庭卻日趨走樣，父母身體出狀況、哥哥長期失業、妹妹情場失意、弟弟考運不佳，就連對未來樂觀的自己，也漸漸地感到迷惘，不知以後到底該做什麼，雪上加霜的是，與男友之間也出現了感情危機。

小艾白天憂心，晚上又失眠，黑眼圈愈來愈重，精神狀況愈來愈不好，朋友見了都以為她招惹上不乾淨的東西，紛紛建議她去找專人求診。

一開始小艾還是很鐵齒，壓根兒不相信天底下有什麼好兄弟，可是就在某一晚，她躺在床上翻來覆去的時候，突然傳來父母昏厥的噩耗，事情演變到這個地步，小艾也驚覺事態不尋常。

於是她透過朋友介紹，抱著姑且一試的心情，去觀元辰宮。

小艾先是替父母報名，希望透過元辰宮能改善父母健康的問題，事後回來發生很大的顯化，父母的身體開始變好，本來有莫名頭痛的媽媽，竟然頭痛的次數明顯減少，還有爸爸長期的咳嗽問題也改善了許多，這些都讓小艾嘖嘖稱奇。

有鑑於父母的改善，小艾也幫兄弟姊妹報名觀元辰宮，結果事後第一個顯化在哥哥身上，長期找不到工作的哥哥很快有了工作、高考屢屢落第的弟弟也傳來佳音、有感情問題的妹妹也復合成功，種種顯化再次讓小艾驚奇。

看家人的狀況因為元辰宮調整得到大幅改善，這也勾起了小艾躍躍欲試的心情，最後她也幫自己報了名，來一次元辰宮的體驗之旅。

小艾先是看了與感情相關的臥房，她發現自己元辰宮裡的臥房真的出了些問題，在老師解說後還真一一應驗她當前的處境，其實她和男友正處於分手狀態，剛好某任前男友突然想找她復合，小艾就在舊情人復合和挽回男友之間舉棋不定。

幸好這次的觀元辰宮經驗讓她知道該如何決定，也讓她更清楚未來應該朝什麼方向努力，小艾不知該如何形容元辰宮的奧妙，現在的她成功挽回男友後戀情正甜蜜加溫，在工作上也有了新的衝刺目標，這些都是觀完元辰宮後有的顯化和改變。

個案四、觀元辰宮不只改運，還能夠改心

亦心是個長相甜美可愛的女生，現年二十五歲的她有不錯的工作和優渥的收

入，照理說，以她的條件應該有很多異性追求，可是不知道為什麼，她到目前為止竟然只談過一次戀愛，之後就再也沒有開過一朵桃花了。

眼看身邊的朋友一個個都有桃花姻緣了，有些人甚至已結婚生子，過著幸福美滿的婚姻生活，對此亦心非常的羨慕，也想快點找到屬於自己的桃花姻緣。

亦心試過很多招桃花的方法但都效果不彰，也參加很多聯誼但都沒下文，後來在電視上看到有人藉由觀元辰宮招到桃花姻緣，便決定嘗試看看。

老師帶領亦心進到掌管感情的臥房，發現她的臥房裡果然有問題，而這些問題正是阻礙她桃花姻緣的元兇。

老師說亦心的眼光太高是導致她找不到桃花姻緣的主因，如果她不改變一下擇偶標準，即使參加再多的聯誼，嘗試再多的招桃花方法也都無濟於事，所以老師幫亦心調整了她元辰宮的臥房。

後來亦心又說自己的財運也不怎麼好，老是會莫名其妙的漏財，導致她雖然有不錯的收入，但存款始終破不了六位數，所以她希望能透過元辰宮調整她的財庫。

老師就引導亦心到她元辰宮裡的廚房，發現她的米缸有破洞，水缸的水只有三分滿，另外代表錢財的柴竟然放在後院接受日曬雨淋，難怪財運不佳了。

結束元辰宮的調整，亦心回去後差不多半個月內就有明顯的改善。首先是她不再無緣無故的漏財，原本她很容易掉錢，幾乎每兩天就不見錢一次，但透過元辰宮改運後，她就再也沒掉過錢了。

接下來又過一個月，亦心終於有了桃花姻緣。她經由朋友的介紹認識一個不錯的對象，對方各方面的條件都很符合她的標準，讓她直呼觀元辰宮真的太神奇了！真的讓她成功招桃花。

元辰宮改運的範圍很廣，無論你有感情、財運、事業、家庭、人際關係、工作、考試等困擾，皆可因為元辰宮的調整得到大幅的改善。

也許在你的心裡對元辰宮改運還是抱有大大的問號，還是會質疑元辰宮是真的嗎？會有這樣的想法證明你是個理智的人，老師非常歡迎各位來親自驗證元辰宮的真假，所謂真金不怕火煉，化被動為行動，幸運女神事務所的大門永遠為你敞開。

個案五、總是遇人不淑，調整元辰宮後找到Mr. Right

淑美是名年紀三十六歲的輕熟女，她最近交了個新男友，第一個月兩人都還愛得甜蜜，但到了第二個月開始，男友就對她忽冷忽熱、若即若離，讓淑美很沒有安全感。

淑美本來以為男友只是工作太忙才會這樣，後來她從一些蛛絲馬跡中發現男友好像有小三，但她又不敢直接挑明去問，正煩惱的時候，看見電視上絲雨老師可以幫人觀元辰宮調整感情運勢，遂前來諮詢。

一開始淑美要進入自己的元辰宮時很不順利，老師要她盡量全身放鬆，和保持心情平靜才比較能順利進去。淑美試了幾次之後，終於成功進入元辰宮。

老師帶著淑美來到掌管感情的臥房，她一進去就看見自己的床上坐著三隻看起來很妖冶的貓，然後她的地板和天花板也有裂縫，這些情況反映到她真實的狀態，代表她的男友不只有小三，還有小四、小五，而她還有可能也是她男友的小三之一。

淑美一聽自己也是別人的第三者，整個人都快暈了，她開始哭訴自己的命運很不好，在感情路上老是遇人不淑，不知為什麼老是愛上錯的人，淚訴到最後她竟然還問老師，有沒有辦法挽回男友的心，讓男友只專情她一人。

這下換老師懵了，心想這男人都有這麼多小三了，為什麼還不死心呢？

於是老師向淑美開解，告訴她舊的不去，新的不來，無奈淑美一個字也聽不進去，堅持要挽回花心男，還說她就算當第三者也要和男友在一起，愈說情緒愈激動，老師見狀只好先應允可以幫她調整元辰宮的臥室，讓她的感情運勢好一些。

觀完元辰宮後的兩個月，淑美又回來找老師，她告訴老師說不知為什麼上次觀元辰宮後沒多久，她看男友就愈看愈不順眼，到最後竟對他沒有半點喜歡的感覺，剛好男友主動提分手，她也就順理成章地和對方分手了。分手後沒多久，她又認識了新的對象，今天想請老師幫她加強感情運勢，讓她的感情之路可以愈來愈順利。

老師就再次幫淑美鞏固她的感情運，又過了不久就傳來淑美步入禮堂的好消息。

相信在現實生活中也有像淑美那樣的例子，眼睛好像業障很重似的，老是把狼人看成良人，老是莫名其妙了當上第三者而不自知，好像命運生來就該是這樣遇人不淑。

運氣好的，最終能遇上真愛；運氣差的就只能任人一騙再騙。其實不是自己不夠好，只是眼光太差，調整元辰宮的好處就是能遇見對的人，淑美就是很好的例子。

個案六、她從不會下廚到能做出嬌妻便當，愛情讓她成長！

你想脫單嗎？你想結婚了嗎？你還沒有找到物件嗎？來看看連削蘋果都不會的她，如何一步步做出嬌妻便當，收服伴侶的胃！

這次的個案小彤是我的老客戶，前後找我觀元辰宮不下數次，她從單身到脫單再到傳出結婚喜訊，看著她一步步的蛻變，往她期望的方向而去，我心裡也倍感欣慰。

能在茫茫人海之中找到可以攜手一生的伴侶，是很美好的事，當小彤向我報喜訊時，我除了為她開心，同時也有一些感觸。

不是每個人都真的想要快樂幸福的。

有些人只想當受害者，覺得自己的不幸都是別人造成的。

有些人只想按照自己的慣性機械式的過生活，寧可受苦，也不改變。

有些人就是喜歡做，製造各種灑狗血的劇情，沒辦法好好過日子。

這個世界，你真心想要什麼，沒有得不到的。

突然「想要求變」，再固執的人都想變、得變，很好，那就去吧！展開新生活就在此一舉。

我常對學生說一個人能不能幸福在於自己，如果內心深處不想改變，旁人給予再多的幫助也沒有用。

小彤是很好的例子。她有強烈的意念改變現狀，她想要脫單，想要結婚，當她抱著這樣的信念來找我觀元辰時，其實她就已經在改變她的生命軌跡了。所以可以想見，她今天能如願以償，是靠她自己的意念和努力，我只是從旁協助她，指引她一條快捷方式找到她想要的路。

這段感情讓小彤有另一方面的成長。

她本是十指不沾陽春水，去到日本之後為了老公的健康，她親自下廚，朋友看見她做出來的菜色，直呼不可思議，很難想像這是第一次下廚的她能做出來的。

不過在她決定要結婚之前，她也是很猶豫的。

因為她老公是日本人，結婚之後她勢必得移居到日本，而她又從朋友那裡聽說「如果可以選擇，千萬不要嫁日本男人」這種話，她就覺得很不安，不知道眼前這個男人是否真的適合她。

另一方面，她的老公身體狀況不佳，不時有些毛病出現，可是很奇妙的是，當小彤在她老公身邊時，她老公的身體就會比較好，可是一旦她離開日本回到臺灣了，她老公的身體就又變差了。

這真的是滿妙的組合，感覺他們兩人命中註定似的，今生要在一起。

去年十一月，小彤特地飛到日本與老公（當時是男友）同住三個月，想知道自己能不能適應當地的生活。

這段時間相處下來，小彤覺得大致上都還可以，只是生活上有一些習慣雙方還要彼此適應，兩人的價值觀也不大一樣，這些問題一度讓她很卻步，猶豫著要不要再繼續這段感情。

周遭的朋友也勸她要想清楚，因為她老公的身體狀況，朋友都覺得婚後她會很辛苦。

小彤自己也很害怕，又加上她如果嫁去日本了，她的爸爸就得自己照顧自己，而她到日本也無法工作，雖然老公說可以養她，但是小彤不願意當伸手牌，因此她也想知道去了日本以後，有什麼工作比較適合她？

我有遇過不少個案像小彤這樣，在婚前會有一些擔心、害怕，有的擔心嫁了以後沒有想像中好，有的擔心要嫁的這個人是對的嗎？其實這些都不是太大的問題，通過心宅元辰宮的調整，找出害怕的原因，自然就能快樂的迎接未來。

最近這一次小彤來找我代觀元辰，主要是想調整老公的健康和工作運，而她自己想要加強感情部份和去日本之後的工作方向。於是我幫她調整了她想要的部份，也跟她說了一些該注意的事項，當然事後的功課更是免不了。

現在的她即將步入禮堂，日前還特地分享了她的婚紗照給我們，看著她穿上白紗美麗的模樣，她的喜悅之情溢於言表，由衷祝福她能幸福美滿一生。

其實當你打從心底真的想要幸福時，宇宙自會給你想要的豐盛，當你願意跨出自我設定的安全堡壘，那麼幸福就離你不遠了。

人生的每一場經歷都會成為養份，滋養著我們的心靈，別害怕過程會有多艱辛，只要你清楚自己想要的是什麼，那就勇往直前吧！人總要不停地走，哪怕只是一小步，最終也能像小彤一樣得到幸福。

3. 事業

個案一、學習觀元辰宮後幫助朋友賺大錢

「學以致用」是句耳熟能詳的成語，我們自讀書識字開始，不僅僅是為了學識，更是希望未來在專業的領域能夠術業有專攻，將自身才能適得其所的發揮，才算是「學以致用」。

絲雨老師自開授元辰宮課程以來，不論是在台灣或是大陸皆有徒弟，而老師在大陸收的女弟子張老師，她將絲雨老師所傳授的觀靈術實際運用在朋友身上，以下就是她的觀元辰分享。

師父的觀靈術課程開始於11月26號，結束於11月28號，而我實際運用於11月30號。

11月30號這天我有一名女性友人正好想體驗觀元辰，於是我們在下午一點

二十三分開始。最初進入到朋友的元辰宮時，發現她宮裡的神明坐立難安，而神桌的四隻腳也始終不落地，在花費了不少時間處理神桌和神明的問題後才著手進行客廳的部份。

客廳的問題不大，沒有花費多少時間，整理完客廳，我和朋友來到廚房，在廚房外面發現一個水缸，於是就順手調整，原本只想看朋友的大廳和廚房，但又因為這是自己的第一個個案，再加上好奇心的驅使，索性連臥室和花園也調整了。

進到元辰宮的臥室時，我只看到半邊床，我問了朋友她和先生的相處情況，朋友說他們夫妻的思想不一致，各過各的，誰也不管誰。這樣的情形正好可以解釋為什麼只看到半邊床。

在幫她調整完整個元辰宮後，她說全身上下感覺輕鬆了許多，而在觀完元辰宮的那天晚上，她致電給我說發生了件很神奇的事，原來是她回去後發現家裡非常乾淨整潔，就連廁所的每個角落也很乾淨。

為什麼會有這樣的變化呢？就是在觀元宮的當天，她的公公婆婆於下午四點左右開始打掃衛生，她的婆婆本是生活在鄉下，對於衛生方面本就沒什麼概念，沒想到她在觀元辰的同時，她的婆婆竟然也有所感應，現在她不僅元辰宮乾淨了，連現實生活中的居家環境也整潔了不少，實在令她感到驚訝和顯化快速。

然而令人感到驚奇的事還不只這些，話說昨天吃晚飯前我和一名朋友在談事情，她突然來訪，一進門就丟了個紅包給我，我很納悶，不懂她的意思，她說這是答謝我前幾天幫她調整元辰宮的謝禮，隨後又耳語對我說最近她有一個認識不到兩個月的客戶來投資，第一次就投資了兩百萬的資金，據說後面還有更大手筆的資金會進來。

看她那眉飛色舞的模樣，我那待在一旁的朋友也被她的喜悅給感染了，也不停追問她細節，於是她就分享了觀元辰的心得，最後我那位朋友也約我回去北京後幫她看元辰宮，我二話不說答應。

接下來又有別的朋友請我幫忙看元辰宮，那位朋友是個銀行操作員，業績一直不怎麼好，為此很煩惱。

我幫他調整完元辰宮後，他的業績開始漸入佳境，原本客戶若將八百萬的資金給他，他就會全賠光，可是調整完元辰宮後，他的客戶除了變多之外，他幫客戶投資的金額從全數賠光到愈賠愈少，這代表了他的投資運勢也愈來愈好，眼光愈來愈精準，所以這對他而言也算是一種進步。

自從學習了觀靈術，除了對自己本身有所幫助之外，我更開心能幫助到周遭的朋友，我實在很感恩師父傳授了這麼好的法門，未來我期望能將自身所學完全發揮，不僅僅是為了自己，更是為了需要幫助的人。

所謂：「師父領進門，修行在個人。」一個人若有幸得名師傾囊相授，卻不懂得如何學以致用，那就枉費師父的苦心栽培；倘若能像絲雨老師的徒弟一樣盡得師父真傳，將其本領發揚光大，如此方能傳承下去，進而起到薪傳的意義。

註：本個案文章執行老師為絲雨老師五弟子張老師。

個案二、觀元辰宮補財庫，事業愈來愈順利！

坊間有很多補財庫的方法，觀元辰宮就是其中一樣。個案小霏和丈夫國立一同前來觀元辰宮補財庫。

小霏的先生是個台商，在大陸做生意，小霏則是學校的老師。夫妻倆訂在先生回台的日子，再從桃園開車到台北來體驗元辰宮生命花園的自我療癒。

國立是標準的生意人，跟他說自我療癒他並不是很瞭解，但是講到元辰宮補財庫，他就來了興趣了。

身為一名生意人，除了資本要有之外，流動金和週轉金要足夠，若還有人脈，那在生意上更是如虎添翼，財神不駕臨才怪。

來觀元辰宮之前，國立曾去傳統宮廟觀落陰過，也是為了替自己補財庫而去，之後便去大陸闖蕩。

創業維艱，又是在人生地不熟的地方，國立在開創初期顯得有點力不從心。總覺得努力了，卻好像還差了點運氣。

在觀元辰宮的過程中，發現他那位在廚房的菜櫥竟是滿滿的「泡麵」與「乾糧」。國立這才意識到，身體透過元辰宮來告訴他，不應該再只吃這些食物，於是老師就協助他調整了這個部份。

事後國立一直申請不下的工廠核准也終於順利通過了，而他也明白了身為一家之主的自己，健康是何等重要。

調整完國立的元辰宮，接下來就換小霏上場了。

由於少子化的關係，老師身負的壓力也就愈大，小霏不僅要負責招生，還要教導學生，有時候還要充當總機小姐，幫忙學生叫計程車回家。

雖然身兼數職，薪水卻仍然只有一份，每天要忙到很晚才能回家，而這時候孩子都已經睡了，根本沒什麼親子互動時間。

小霏是一位老師，她知道在孩子的成長期間，父母的陪伴有多重要，現在先生已因為事業在大陸，她更要撥出時間多陪孩子，所以就興起了想換工作的念頭。

當時小霏投了履歷給幾間理想的學校，卻都石沉大海，後來才得知後台強不強大是很重要的因素。小霏自認並非技不如人，只是少了那麼一點點運氣，就前來觀元辰宮，希望能有好的改善。

約莫過了一週，小霏接獲了好消息，某間學校送來了佳音，讓她開始有兼課的邀約。

自從換了新環境，小霏終於能夠準時下班，多了和小孩子相處的時間，收入也小幅提升，她很感謝絲雨老師的協助，還特地致電表示想請絲雨老師吃頓飯。絲雨老師自是替他們夫妻倆感到高興。

個案三、工作遇到瓶頸，透過元辰宮改善當前的困頓

二十七歲的小承從事行銷行業，因為業績不盡理想，在朋友的分享下得知觀元辰宮可以讓運勢變好，就決定來試試看。

小承一進去元辰宮就看見房子外圍圈了一層樓高的柵欄，找到一個小門走進去，元辰宮外觀是西式紅磚瓦房。我們讓小承請管家出來帶他進去元辰宮的大廳，在引導他找管家時，小承一直說他看到一道黑色人影，因為太黑了所以看不清長相，只感覺到應該是三十幾歲左右的男人。

小承的大廳有三扇窗戶，但皆都關閉，窗戶代表對外的溝通管道，小承本身又是做業務的，窗戶沒開表示他對外溝通出了問題，難怪他的業績不怎麼好。首先我們請他把窗戶打開，但是過程並不怎麼順利，一連試了三次才將窗戶開啟。小承在與人溝通上比較封閉，而他自己也將這個信念植入很深，所以在調整窗戶時會多花一點時間。

管家將小承帶到神桌，他沒有看見該出現在神桌上的燭燈，再請管家帶他去找燈，結果帶到一半管家突然消失不見了，周遭呈現一片漆黑。因為小承的管家不知道去了哪裡，只好請小承的守護神出來。他的守護神是一道藍色的光束，將他帶到了一處只有風鈴的地方後也消失了。

可能因為小承的視覺力並未完全開啟，老師就請他用意念去感覺周邊的環境，請他試著感覺有沒有元辰燈的存在，不過他都說沒有。於是我們又請他的守護神幫忙，原本是藍色光束再次出現變成了一尊被白色光芒圍繞的象鼻神，然後就請守護神帶小承去找元辰燈。

小承的元辰燈是一盞燭台，燭火還挺旺的，守護神告訴他不用調整。神桌上有擺放供品，天燈有少許亮度，天花板有裂痕，不過沒有髒污，請他把該修補的地方調整，該調亮的就調亮，然後老師再次讓小承把他的管家請出來，結果還是請不到，這表示小承是沒有管家的人，凡事都得自己來。至於剛才看見的黑人影就是要調整的部份，那個有可能就是他的管家。

接著往神桌下檢視，有一個白色箱子在那裡，裡面裝著全是藍色的物品，問小承本人知不知道那些是什麼東西，他自己也很疑惑，於是就協助小承將箱子處理掉。

最後老師引導小承走到屋外去調整那圈柵欄，一切都用好後就又回到神桌前方，向守護神致謝，守護神也回以小承一抹慈祥的微笑。

在整個觀元辰宮的過程，小承是半睡半醒的狀態，這表示他長期勞累，身體該好好休息了。

小承觀完元辰宮後，他覺得精神飽滿了許多，本來一開始很疲累，腦袋昏沉沉的，沒想到結束後思慮變得很清晰，讓他直呼沒有白跑一趟。

也許你會發現，調整元辰宮最先顯化的不是你心裡最想要的，而是身體最需要的，就像小承原本是想改善事業運，卻沒想到先把身體給調整好了，這是因為元辰宮是觀當下，根據現在最需要的去優先改善，一點一滴的去紮根，如此才能啟動整個元辰宮的能量。

個案四、為什麼一直漏財？原來問題就是出在這裡！

小玲來到了「幸運女神事務所」後便表示想調整財運，進到了她的元辰宮，神桌狀況並不是那麼理想，桌腳一長一短，使得桌面傾斜，神桌上也沒有供品，燈盞也不夠亮，而她的守護神竟然是耶蘇，這讓平時拿香拜拜的她感到訝異。

光是調整神桌就耗去了不少時間，之後便去掌管財運的廚房。她的廚房是傳統中又帶點現代的格局，水缸是玻璃材質，米缸有一個大破洞，難怪她一有錢就會有朋友來跟她借錢，而且還常一借不還，最糟糕的是她還存不了錢，原因就出在她的米缸。

老師先協助她添柴添米，也把水缸和米缸都換上適合她的，再仔細打掃了一遍她的廚房，接著就帶領著她從元辰宮回來。

對照小玲的現況，她覺得日子過得苦不堪言，總是一波未平，一波又起，讓她疲於奔命。明明她自己手頭已經夠緊了，卻仍舊有不少親朋好友跑來跟她訴苦借錢，搞得她好像不借就不是人似的，常因為自己一時心軟讓生活過得更加拮据。

更慘的是，那些借出去的錢就像是肉包子打狗一樣，有去無回，她也不知該如何啟口去討錢，到了最後只好自己吃悶虧，勒緊褲帶過日子。

至於不是基督徒的小玲，為什麼會在元辰宮看見耶穌呢？守護神代表她現在應該面對的課題，至於出現耶穌，可能就是告訴她要繼續犧牲奉獻。

大概過了三個月，小玲的財務狀況真的變好了，之前曾跟她借錢的朋友，有一部份主動還錢了，她本來還想說沒有希望追回欠款了，沒想到調整元辰宮讓她有意外驚喜，她很慶幸自己沒白跑一趟。

個案五、黑暗的書房導致事業上的判斷力下降

初次見面，小嵐是帶著一雙死氣沉沉的眼神前來。她的腳步輕浮，走路有些恍神，不知情的人真的容易誤會她是不是生了什麼病，然而她卻是因為事業運受阻，已經長期失眠很久了，才會看起來無神。

按照流程，老師一樣先引領她去大廳看是不是大運出了什麼問題，結果便發現不光是地板裂開了，天花板還有蜘蛛絲，牆壁更是斑駁成一塊一塊的，窗戶也不夠乾淨，趕緊請來管家幫她清理。

打掃完大廳後便去神桌。小嵐看見神桌上空空如也，只有一個香爐和元辰燈，神桌下放著一堆雜七雜八的物品，神桌腳不穩，地板髒亂不堪，天花板有一些裂痕，協助她調整了一番才去書房。

小嵐的書房很暗，書桌是暗沉的黑色，桌面有一層厚厚的灰塵，感覺有一段時間沒人使用的樣子，桌上還有幾枝已經斷水的筆，兩張泛黄的紙，書桌椅是一張小圓凳，坐起來一點也不舒服。書櫃上的書差不多只有三分滿，有些書的內頁還脫落。

老師教導小嵐怎麼調整她的書房，在整理過後，小嵐的書房變得明亮，桌面也乾淨整齊了，也讓她將書櫃中不適用的書淘汰，換上新的書進去，讓她在思緒上不再那麼渾濁不清，可以正確地思考並做出選擇。

從元辰宮回來後，老師指出小嵐正面臨官司的問題，小嵐表示自己正在打婚姻訴訟官司。老師還點明她做決定易思慮不清，導致做出錯誤的決策，甚至搞砸事情。

對於老師的話，小嵐連連點頭稱是，覺得真的太神準了，最後老師提醒了她可喝中藥補氣，還要注意婦科方面的問題，當然最重要的是指引了她事業的方向，讓小嵐露出了笑容，一雙無神的眼也終於轉為明亮。

個案六、不要讓你的財富變成別人的許願池！

俗語說：「千金難買早知道。」不論在理財或是事業上，我們都會希望今天做出的決定是正確的，是能帶來財富的，然而未來的事又有誰知道呢？今天就要告訴大家，如何透過元辰宮，打造屬於自己的財富格局，成為一個不為錢財煩惱的人。

小建深受財務問題困擾，經過幾番思索，他找上老師替他拓展財富格局。在開始之前，老師先大致向他介紹了元辰宮的景致，以及他會用什麼方式看見自己的元辰宮，待一切都說明完畢後，就帶領著小建進入他的元辰宮。

一般都會先從大廳方面觀起，從小建的描述得知，他的大廳還挺大的，有兩扇關著的透明田字窗，主燈是日式的方形燈，但裡面是燈管裝置，大廳還有不少蜘蛛絲，這裡都幫他調整到適合的狀態。

再來就是他的神桌，小建的守護神是坐姿觀音，手中拿著一片葉子，神桌還算穩固，但四隻桌腳卻綁上紅線，桌下有物品堆著。小建的元辰燈很大，但光明燈略暗。

事後老師從他的大廳和神桌狀態，告訴小建他目前的煩心事較多，晚上也易多夢，還有胃也不太好，這裡請他要稍微注意。小建自己也說他即使睡醒了還是容易打哈欠，而他本身也有胃酸過多的問題，這讓他提不起食慾。

接下來就是重頭戲了，小建特別緊張自己的財運狀況，這也是他觀元辰宮的主要目的。他看見他的廚房有三口古代大灶，灶上有黑鍋，灶旁有少許柴堆，窗戶很大一扇，且是開啟的，這點還算不錯。他的米缸狀況並不理想，進了水，水缸變成了許願池，會影響他來財，幸好菜櫥很不錯，冰箱擺滿了他喜歡的食物，主燈、天花板、牆壁都很好，還有一張四方形的餐桌和四把椅子。

照他廚房的格局擺設，他其實很適合創業，有當老闆的格局，但最好不要投資股票或基金這一類的東西，容易賠錢。

小建本身的確自行創業，日前投資了一些股票也真的賠了些錢，他就問老師，自己適合什麼樣的投資呢？老師說最好是不動產的買賣，例如買房子或土地，這些會對現在的他較有利，另外也告訴他宜多穿什麼顏色的衣物配飾，可使他的財運加分。

看完廚房內部，小建發現他的廚房還有一道通往後院的門，這道門沒有關著，後院有一處以帳棚搭建而成的柴房，裡面堆放著薪柴，但是這樣的帳棚式柴房並不理想，也禁不起長時間的日曬雨淋，所以替他調整成較好的狀態。除此之外，小建的後院有一口井，但井邊有些許青苔，這些也都幫他清理調整了。

在離開元辰宮之前，小建再度回到神桌前向守護神表達感激之意，守護神告訴小建當前的課題是學會包容與慈悲。聽到守護神賜給他的功課，小建直說神奇，因為他現在對自己的員工有點意見，只要員工一犯錯，他就容易火氣上來，結果搞了半天，才發現原來是自己的包容度不夠，他會期許自己以更大愛的精神來包容員工失誤。

小建本來對元辰宮並沒有抱持太大的希望，他也是聽朋友提起，想著反正自己也走投無路了，甘脆死馬當活馬醫，姑且一試總比什麼都不做強吧？沒想到聽完老師的解說，句句命中要害不說，最重要是讓他有豁然開朗的感覺，之前所遇到的問題，似乎都迎刃而解了呢！

老師當然很開心能幫助到小建，並且再三叮嚀記住守護神派出的功課，希望他下次回來時，能交出漂亮的成績單。

元辰宮就是人的內在心靈，當前的你遇到了什麼樣的瓶頸，元辰宮皆會一一呈現，這是一個很好的法門，讓你能夠誠實地面對自己，無法逃避。

註：本個案文章執行老師為絲雨老師二弟子子霈老師。

4. 家庭

個案一、元辰宮透視你的婚姻是否三人同行

婚姻中每天要面對的柴、米、油、鹽、醬、醋、茶並不可怕，可怕的是兩人行的關係偏偏多出一個人，任誰都無法接受。

小惠找上老師觀元辰宮並沒特別說明什麼，只是淡淡地表示想看一下臥房。由於小惠是第一次觀元辰宮，老師就先向她解釋待會兒要如何以五感六覺下去觀元辰宮。

順利進入元辰宮後，小惠看見大廳的窗戶是日式和風的紙窗，而且還是不能開啟的窗戶，看起來就像是裝飾用的而已。地板是木板鋪成，有點髒，請了管家來整理。

將大廳整理完，老師便引導著小惠去臥房。從小惠的描述，老師判斷他們夫

妻兩人是各過各的，丈夫的個性熱愛自由，雖已結婚但卻不願受束縛，兩人在婚姻中完全沒有互動和溝通，說他們是最熟悉的陌生人也不為過。

也因為是這樣的婚姻關係，小惠的老公有了小三，這一點老師也從臥房看出端倪。

現在，老師總算明白小惠來觀元辰宮的原因了，小惠既然願意觀元辰宮，就表示她還是有心想改善和丈夫的關係，老師就大幅度幫她做了調整，因為她的問題不算小，調整起來算是大工程，花了滿多時間。

調整完後，老師問小惠知道丈夫有小三的事嗎？

小惠聽了先是一愣，才緩緩道出自己長久以來，為了孩子都是睜隻眼閉隻眼，本來她對這段婚姻已沒有任何期待，但聽見有人談到觀元辰宮可以改善婚姻，便想著姑且一試也未嘗不可，現在聽老師講得那麼準確，讓她好像對婚姻又有了希望。

老師告訴小惠她的日子會愈來愈好，只要她願意和不放棄，她和丈夫的感情一定能破冰。同時，也提醒她注意婦科可能有些問題，小惠聽了嚇了一跳，坦言前陣子才去做了相關檢查，結果出爐顯示她體內長了腫瘤。

因為時間的關係，小惠沒有機會去生命花園調整，她說有時間她會再來，讓自己元辰宮的能量更加鞏固。

這趟元辰宮之行讓小惠值得欣慰的是，原本是愁眉不展的來，現在卻是笑容滿面的離開，一掃心中的陰霾。

個案二、元辰宮被下符咒，處理後有了這種變化!?

元辰宮是靈魂居住的地方，生活中總總的不順遂皆可由元辰宮調整，進而得到意想不到的改變！

這次的個案因婚姻問題來調整元辰宮，希望從元辰宮得知婚姻是否該繼續。

小琳的先生曾有外遇，她目前和先生分居中，而她的先生不僅封鎖她的LINE，連手機也將她列為拒絕來電。不過很奇妙的是，小琳和先生儘管感情不睦，卻依然與公婆同住。

我們一進入小琳的元辰宮是春天的景象，由於沒有管家，便請守護神賜予一個管家。然後再看她的神桌，竟然沒有桌腳，飄浮半空，而她的元辰燈和光明燈都很弱，桌上也沒有水果，這裡老師調整後神桌有了四隻桌腳，桌上也有了土地公和水果供奉。

再來就是到大廳，地板和牆壁有黑點和蜘蛛絲，大燈是搖搖欲墜的吊燈，整體看起來特別髒亂，這部份也請管家做了整理，接著就去看主管感情的主臥室。

起初小琳進到臥室是一片漆黑，經引導後才看見一張單人床、一個枕頭、一床單人被，還有一個抱枕。床下擺放一雙中性的鞋子，房間的窗是打不開的氣密窗，空氣不流通很悶，小琳還從梳妝台的鏡子照不出自己。

經過引導，小琳才看見鏡子裡的自己心事重重，這裡調整後，她的內我就比較開心了。然後我們又從她的藏寶箱發現她被下了符，她的浴室也很髒，主臥室的牆上還掛著一幅稍嫌裸露的女人肖像，這樣的肖像對姻緣會有影響，就一併處理了。

因為第一次的調整，讓小琳回去後有明顯改變，所以又預約了第二次觀元辰宮，也順便觀先生的。

順帶一提，有法律關係的合法夫妻可以幫對方觀元辰宮。

先生的元辰宮也是春天的景象，還有陣陣花香撲鼻而來。先生的管家是一隻搖著尾巴的狗，守護神是立姿的觀世音菩薩，神桌不僅沒有水果，元辰燈還既小又暗的，桌腳也綁著鈴鐺和紅線，並且上了釘子。

除此之外，牆上還掛著一幅男人的照片，表情猙獰地直說要他的命。這部份老師做了處理後，神桌有了水果，照片中的男人也換上了笑容，願意離開。

元辰宮的世界很有趣，在這裡不管是書或畫都是動態的，就像哈利波特的魔法世界那般，非常奇幻。

再來就是到先生的主臥房，臥房的床是兩張單人床併在一起，旁邊還擺了張躺椅。床上有四個枕頭，被子和枕頭都是深色，床邊沒有鞋子。再看床下，有金紙、炒菜鍋，各式的雜物都有，非常凌亂。

接著看到主臥房有兩扇緊閉的窗，牆上還有一對男性的眼睛惡狠狠地盯著小琳，另一方面，梳妝台的鏡子裡出現一個年輕女孩，說著要待在先生身邊的話，老師請守護神來協調處理，很快地女生和那對眼睛就離開了。

小琳的先生也有個藏寶箱，情況與她相同，都出現了稻草人，不只如此，還插了一排的針，另外還有斷掉的手指頭，整個就是很可怕。由於先生的主臥室有更衣間，但有破洞地毯也很髒，這些都做了處理。

緊接著來到後花園，發現先生的生命樹上有紅布條、麻繩之類亂七八糟的東西，而且還長在山坡地上，半懸在空中，樹的旁邊都是雜草和碎石。生命花的狀況也不好，花莖被蛇纏住，花根下還有蟲，這些都顯示先生的身體機能不佳，磁場極度糟糕。可喜的是，先生的貴人運不錯，異性貴人較多。

當然有問題的部份老師都做了調整，處理完先生的部份，小琳才到自己的花園，結果她的生命樹也不遑多讓，生長在懸崖邊，樹上還有用麻繩綁著的鞦韆。無獨有偶的，小琳和先生的生命樹都綁上紅布條，貴人運也很好，也是異性貴人較多。

比較特別的是，小琳的生命花旁邊擺著一雙男性鞋子，這代表有冤親債主，這些都做了處理。

小琳元辰宮的主臥房也有金紙，梳妝台還有一撮不屬於她自己的頭髮。小琳表示自己因為長期不舒服，去過很多宮廟，最後才來到這裡找老師諮詢。

調整完元辰宮，老師提到外遇、安神的問題，都有符合小琳和先生的現況，也說中了小琳曾流產的部份。

婚姻佔了人生絕大的光陰，幸福美滿的福姻誰都嚮往，可是人生並不會事事盡如人意，一旦走到了瓶頸就要想方法去突破，千萬不要坐困愁城，暗自神傷。

做一個有智慧的人，走出困境，自然處處柳暗花明。

個案三、她什麼都好，就是沒孩子，老公還因此外遇，傷透她的心！

芊芊是一名很幹練的女性，工作能力優越不說，還將老公那邊的家人安頓的很好，不僅買車又買房，也開了間公司，以現代人的眼光來看，她就是個工作能力出眾的女強人。

她來找上絲雨老師是因為婚姻出現了問題，老公有了小三還懷了孕，並且還不顧她的感受堅持將小三迎進門，讓她一氣之下，憤而離開當初兩人建立的愛巢。

芊芊緩緩說起她和老公分合的經過。

兩人結婚多年，生不出孩子，在傳宗接待的壓力下，芊芊不得不主動提出離婚。想著既然自己生不出孩子來，就讓老公去找別人吧！她不想兩人日後為了孩子的問題將感情吵沒了，所以就算再不捨得，還是忍痛放手。

可是她老公不肯離婚，百般苦求，說沒有孩子並不會影響他們夫妻的感情，不能因為這個因素和他離婚，於是芊芊最後打消離婚的念頭。

雖然芊芊同意不離婚，但心裡始終對生不出孩子這件事耿耿於懷，她的老公也還不錯，耐著性子安慰她，讓她別多想，孩子的事就順其自然，說不準用不了多久孩子就來了。芊芊聽了老公的安慰，這才慢慢釋懷。

時間飛逝，四年的歲月過去了，芊芊的肚皮仍舊沒有動靜，基於補償的心理，芊芊試圖用金錢安撫老公那邊的親人，不過教人感慨的是，無論她如何付出，無所出這件事似乎是件罪大惡極的事，老公的家人並不滿足她所給予的良好物質生活，每每見到她就是冷言冷語伺候，時間一久，就連她的老公也開始對她言語暴力，搞得她心情鬱悶，還因此得了憂鬱症，讓她一度想輕生。

夫妻關係日趨惡劣，老公對外尋求發展，終於搞出了人命，還試圖說服芊芊讓小三進門安胎生子，奢想過上齊人之福。

芊芊當然不同意！

憑什麼她一個正宮得忍氣吞聲地看著自己的男人和別的女人恩愛？她除了生

不出孩子外，有哪一點不如那個小三？這些年不管內事或外事，她哪一樣不是安排得妥妥善善的？再說得現實一點，若不是有她，老公一家能過上這麼享受的日子嗎？

芊芊很氣、很怨，早知道結果會這樣，當初就該堅持離婚了，可是再後悔有什麼用，她男人的心已不在她身上了，她再不想面對和接受也莫可奈何。

在老公的家人親迎小三進門的那一天，芊芊決定不要這個家了，不要那個傷她心的男人了。

芊芊想著婚後老公對她百般體貼和溫柔，她以為幸福可以長久下去，怎料卻結束的那麼突然。

她和老公分居後便盤算離婚，但是老公卻說什麼也不肯離，她不會自欺欺人的以為老公是因為愛她才不離婚，若真的愛她就不會外遇了，說到底還不是因為她能提供富裕的生活給他們，否則怎麼可能會不願意離婚呢？

雙方糾纏了好久，始終達不成離婚共識，老公甚至撂下狠話，除非她願意把一半的財產給他，不然就是死他也不會離婚。

芊芊是那種敢愛就敢恨的個性，既然你對我不仁，那我也不必對你有義！

她決定尋求法律途徑解決，為了讓事情照自己的期望發展，她來找絲雨老師調整元辰宮，她的目的很清楚，就是想拿回應得的，然後再快點將那個沒良心的男人踢除自己的生命中，最好有事沒事都別再見面。

令人驚訝的是，調整完元辰宮不久，她拿回了屬於自己的財產，隨著財產分配訴訟勝訴，芊芊也開始學習自己調整元辰宮，她很努力和認真，每天都進去心宅調整，沒多久，她的老公竟然主動無條件放棄愛巢和提出離婚。

芊芊高興極了，終於擺脫了那個只想要從她身上挖錢的男人。

回到曾經和前夫同住的愛巢，芊芊看著屋內的每一個擺設和裝潢，她想起了兩人相處的點點滴滴，說不難過是騙人的，畢竟那麼久的感情，即使個性強悍如她，在面對情傷時仍舊有脆弱的一面。

不過她不允許自己悲傷太久，她化悲憤為力量，在調整元辰宮時，特別強化自己的財運，很快地，她順利將愛巢以四倍的價格賣出，自此揮別過去，開啟新的人生。

個案四、改善親子關係就從調整元辰宮開始

小敏是全職的家庭主婦，結婚多年育有兩個孩子，現在孩子進入叛逆期，對她說話不是口氣不好，就是擺臉色給她看，她覺得很傷心，也試過和孩子溝通，不過孩子們都不配合，讓她很無力。

朋友告訴她別再把全部的重心放在孩子身上，讓她去找份工作來轉移注意力，

或許雙方見面機會少了，磨擦自然也就沒了。小敏考慮了很久，始終拿不定主意，問丈夫的意見，也只說都好，他沒意見。日前她在命理節目看見絲雨老師講解元辰宮，猶豫了很久才決定前來試一試。

小敏的元辰宮是很宏偉的日式建築，她的神桌安放在大廳，神桌不怎麼平穩，桌面有供品和鮮花，但看上去並不新鮮，桌下有一個火爐和幾粒散落的小彈珠，神桌的右前腳有刻痕，請了管家幫忙打掃整理後，神桌就變得很乾淨和穩固了。

她的大廳很灰暗，還有一股奇怪的味道，讓她趕緊將窗戶打開。大廳的大燈是三盞白色蠟燭，天花板倒還算乾淨，地板有幾張紙屑，傢俱也滿齊備的。

整理完小敏的大廳，她先是去書房翻書，希望從中得到找工作的方向，她一翻開第一頁就寫著三個字：安親班。她看了一驚，因為在來觀元辰宮之前，就有朋友跟她提過去安親班兼職的事，那時她很遲疑，不知道自己適不適合，現在一翻書竟然出現這三個字，她頓時明白該怎麼做了。

小敏在預約的時候就表示還想替女兒和兒子觀元辰宮，但因為她想觀兩個，時間上可能不夠，這次就先幫她觀大女兒的，二十一天後再來觀兒子的。

老師先讓小敏去打掃女兒的大廳、書房和花園，在這個過程，小敏看見女兒元辰宮內的窗戶都沒有打開，管家見到她進去只是看了她一眼，也沒有微笑，就去做自己的事了，感覺有點冷淡。

等打掃完女兒的元辰宮時，時間也差不多了，小敏從元辰宮退回來，老師開始為她解說，指出她的子宮不久前有動過刀。小敏說她兩個月前有去切肌瘤。

一個月後，小敏再度回來調整元辰宮，她分享了自己的現況，她現在兼職當安親班老師，每個星期上班三天，每次四至六小時。她還說自從上次觀完元辰宮沒多久，她的大女兒有一天主動找她說話，還跟她講了一些在學校發生的趣事，小兒子雖然還是很被動，但至少在態度上對她已不再那麼差了，問他話的時候，大部份也都會回答。

有感於第一次調整後有不錯的顯化，小敏講了許多這段期間發生的好事，言談之間不難看出她的喜悅，相較初次見面，現在的她不僅氣色紅潤，心情也更開朗了。

個案五、她從元辰宮看見老公有外遇

小貞是幸運女神的資深客戶，一年會有二至三次回來穩定元辰宮的能量，距上次調整元辰宮才不到兩個月，她這次來是因為感覺和丈夫通電話時，他的語氣有點奇怪，擔心他在外面是不是發生了什麼事情不敢跟她說，所以想藉由元辰宮瞭解一下。

她一進到臥房就看見一隻毛色雪白，全身上下透著一股妖豔氣息的貓，慵懶地趴在床上望著她。那眼神似乎還帶點挑釁和嘲笑的意味，讓她很不舒服。

小貞形容那隻貓的臉上有畫眼線，還有貼假睫毛，樣子十分嬌媚，她還真沒看過有貓長成這副模樣。

透過老師的引導後，這隻貓咪慢慢幻化為一名年輕的女性，小貞說不認識這個女生，但直覺她一定和丈夫有關係。

老師讓小貞去詢問那名女生一些問題，結果她回答：我姓江，已經在這裡快兩年了，我就是想搶妳老公，但是如果妳願意給我錢，我就會離開。

小貞問她要多少錢？女生說出了一個讓小貞很憤怒的金額，她覺得對方根本是敲詐，而且她也拿不出這筆錢。

老師請小貞的守護神幫忙協調，讓這個女生能提早走人，最後雙方談了一個彼此都滿意的條件，女生又變回那隻貓後就離開了。

處理完小三，小貞才繼續調整臥房內其他地方，將地毯換新，大燈點亮，窗戶擦乾淨，衣服放進衣櫃，浴室也整理了一番，全部都調整完就回來了。

小貞的丈夫長期在大陸工作，老師讓小貞找一天過去見丈夫，驗證他是否真的有外遇。小貞到了當地，察覺丈夫的神情的確不太一樣，講話支支吾吾，語焉不詳，尤其在江姓祕書面前，更是不自然。

所有的證據都指向丈夫和姓江的有不尋常曖昧，小貞強迫自己沉住氣，她留在大陸陪了丈夫一段時間，之後不到半年，那個江姓祕書就自動離職了。

小貞很慶幸自己及時發現不對勁，找老師調整元辰宮，才免除婚變危機。

註：本個案文章執行老師為絲雨老師二弟子子霈老師。

個案六、小三的出現是為了成就她學習以柔克剛

陳太太在朋友介紹下來找老師做元辰宮調整，她告訴老師，他先生讓小三回

到家裡住，她無法忍受與另一女共侍一夫，憤而離家出走，即便他先生幾度告訴她：回家吧！她仍然不願意回家。

進到元辰宮裡，我們一同看見大廳混亂，她的守護神媽祖娘娘苦著一張臉與灰塵作伴。

在管家與傭人辛勤地打掃後，媽祖娘娘露出了溫柔的笑臉，與我們一同進到臥室。

一進到這個臥室，刺鼻的化學藥劑味濃厚著，令人想要離開，趕緊讓管家與傭人打開窗戶通風。

空氣流通後，陳太太繼續觀下去，她先是看見佈滿灰塵的髒床單、床邊的鞋子、地毯、地板、儲藏間，還有一個留著學生頭的年輕女孩與丈夫一同坐在那張床上。

陳太太見狀開始情緒激動，她問床上的先生：你到底要我怎麼樣？得到的回答是：回家！我愛妳，我想要妳回家。

陳太太又問那位女孩：要怎麼樣妳才會離開？

女孩卻說：我只是想要有一個家，是你們收留我的，為什麼又要我走？

媽祖娘娘映現了一段三人的過去，在前世，這對在山上砍柴維生的夫妻，因為膝下無子，有一天，在樹林中撿到了一位女孩子，心裡想著，那就帶回家把她養大吧！

女孩隨著時間長得亭亭玉立，心中也對養父產生了情愫，直到養父把她許配給隔壁村種田的小夥子，她才不得不結束這場單戀。

拉回到了現在，陳太太哭了出來，我只是好心，為什麼她要這樣干擾我們的生活？

她問媽祖娘娘：還要多久？

媽祖娘娘回答：三年。

陳太太咆哮地說：三年！我已經忍耐了這麼久了！三年！那妳根本沒有保佑我！

媽祖娘娘回答：這三年，妳得學習溫柔、放下剛強、當然妳有其他選擇。

老師問陳太太：妳有心要改善你們之間的問題嗎？

陳太太回答：有。

於是，我們恭請媽祖娘娘開示，給了陳太太一些方法，來縮短這三年的光陰。在第一次調整後，時間縮短為兩年，但我們都明白這對陳太太來說，仍舊是度日如年。然而，當心境轉換時，自然有更多的可能性出現，看見陳太太抱著頓悟的喜悅離去時，老師也在心裡為她打氣加油。

之後，陳太太發了訊息分享她的回饋：

當老師在解說我身體上的症狀以及我的生活型態時，我真的嚇到了，怎麼會這麼精準！進去元辰宮，我看見了自己的老態、不甘願，也明白了先生的心意，我才知道我忽略了我們單純的生活有多久。

感謝老師協助，也感謝媽祖娘娘對我不捨不棄的照顧，讓我感到放鬆，好像可以一次把煩惱倒空，我想介紹我的家人也來調整。

來到這裡處理元辰宮的客人，我們經常會遇到客人平時不與神明連結，只在有難時抱佛腳，然後埋怨老天讓我如此難受，一點都沒幫助到我，還不如靠自己。

殊不知，進到元辰宮內才知道，他心中的佛，已經替他除去了大部份的災難，事後再來對自己咒罵神明的舉動感到羞愧不已。

5. 健康

個案一、活出自信，更愛自己，日子隨心所欲

現代人的生活不僅壓力大，還得因為日新月異的變化而面對許多挑戰，如果心情沒有調適好，不懂得為自己紓壓，日子久了就容易積鬱成疾，當內在的我無法再承受，就可能衍生憂鬱症。

時有耳聞，憂鬱症已經不是一個遙遠的名詞，周遭或許能遇見一、兩個患有此症的朋友，雖然有不藥而癒的人，但也有一直處在心情低潮的人，絲雨老師正好有一年輕個案為憂鬱症所苦多年，透過觀元辰宮之後，更深入瞭解自己。

這位個案曾經歷過一段極短暫的婚姻，也許是婚姻上的挫折致使她喪失自信或是其他原因，讓她的心情長久以來處在憂鬱的低谷之中。

個案的重度憂鬱使她對食物抱持厭惡感，時常吃了兩口就不願再進食，並且

每日催吐十幾次，潛意識裡就是不允許自己胖，而她的睡眠品質亦不佳，於是我們進入她的元辰宮探視，希望能找出原因。

進入元辰宮時首先看見個案的守護神，是個女生小天使，有著一頭咖啡色的捲髮，身穿淡金黃色的蓬蓬裙，可愛的臉龐上還有一雙很美麗的藍眼珠，眼眉彎彎的直對著個案笑。

元辰宮裡還有一張神桌，個案請管家放上一對粉色和紅色的康乃馨，除此之外還擺上鳳梨、蘋果和巧克力。因為個案的客廳空蕩蕩，於是絲雨老師請管家放上適合個案的傢俱。管家就放了一張L型米白色的長沙發和一張桌子，並在桌上放上一杯鮮奶綠。

接著進到元辰宮的主臥房，發現只有一張鋪著白中帶藍粉床單的雙人床和一個枕頭。房裡還有一扇透明半開的窗戶，窗外有一個花露台，台上有一個盆栽，但盆栽裡只有乾土並沒有種下任何植物，於是請管家把盆栽拿給園丁種下個案喜歡的小白花。

由於主臥房空空如也只有一張雙人床，絲雨老師便詢問個案是否有意願加張梳妝台?後來個案決定增設一張淺木色的梳妝台，但梳妝台只有一面鏡子和抽屜，抽屜打開除了一罐乳液之外就空無一物，於是管家就放了個珠寶盒，個案再把喜歡的戒指和耳環放進珠寶盒裡。

在一切安排妥當後，個案照著梳妝台的鏡子，發現鏡子裡的自己長得很可愛，就像個小公主似的，有點肉嘟嘟的臉頰配上一頭尾端有些微捲的長髮，身上穿著一襲白色的小洋裝，臉上泛著光芒在微笑著。

個案透過引導和鏡子裡的小公主擁抱，當下個案就感覺到一股帶著強大光亮的溫暖來襲。我們讓個案和鏡子裡的小公主相處一會兒，然後個案就試著和小公主對話，可能因為想哭但又哭不出來，所以個案先有吞嚥唾沫的動作後才出聲。

起初小公主並不回應，中間透過不斷的引導，讓個案對著鏡子裡的自己說：「對不起，請原諒我！我沒有把自己照顧的很好，但我真的很想像妳一樣閃閃動人，就像小公主一樣，我知道自己值得被愛，請妳告訴我方法。」在說了好幾次這句話後，鏡子裡的小公主才有所回應。

小公主說：「不要管別人，然後要自由。」此時個案感受到鏡裡的空間非常寬廣無限，讓她感受到無限的自由。

絲雨老師請鏡子裡的小公主告訴個案，有沒有什麼訊息可以知道當她做對、當她快樂的時候？

鏡子裡的小公主就回說：「當左手的無名指動一下的時候，就知道自己是感到自由，感到快樂的。」

個案的元辰宮經過調整之後，她的守護神就長出了一對明亮有羽毛的翅膀，然後絲雨老師也說出一些和個案現實狀態相符的事，並且告訴她如果睡眠不好時，可以觀想她的守護神小天使，如此睡眠品質就會改善；如果心情不好時可以喝杯奶綠。

整個觀元辰宮結束時，我們剛好發現個案的包包放著一瓶奶綠，這和觀元辰宮一開始時，管家準備的奶綠有相對應到個案的實際喜好。

相信個案經過這次的觀元辰之旅，對自己會有更深入的認識和瞭解，我們也很開心透過這次機會幫助到她。

西方諺語有句話是那麼說：「上帝為你關一扇門，就會為你開一扇窗。」人生沒有過不了的關，人活著總難免有低谷的時候，只要維持自信和勇氣，人生何嘗不會守得雲開見月明呢？

個案二、愛自己就要從照顧自己做起

這次的個案小美想要改善健康，她本身是個需要輪班的上班族，作息日夜顛倒讓她的身體出現了些狀況，雖然也有就醫，但總不見好轉，所以就想利用元辰宮，看能不能改善她的健康問題。

進入到元辰宮內，小美感受到的天氣是炎熱的夏天，元辰宮是一間簡易型的小木屋，穿過大門，進到大廳，看見兩扇緊閉的窗戶，並且灰灰髒髒的。老師協助小美將窗戶擦乾淨，然後打開，再巡視看天花板、牆壁是否也需要調整後就去看神桌。

小美的守護神是一位穿著道袍，蓄著長鬚的老人，元辰燈的光線微弱，請了管家來幫她調亮。神桌的桌面有不少的灰塵，桌下還有蜘蛛絲，天花板也有破裂，牆壁還掉了漆，大燈也被一層厚厚的灰塵覆蓋，光是打掃神桌的部份就花了不少時間，接下來就引導著小美去生命花園。

小美的生命樹是松樹，但是樹葉稀疏，樹上有鳥窩和麻繩與藤蔓纏繞著，樹皮乾燥，樹幹還有一坑一坑的樹洞分布，整棵樹給人的感覺沒有什麼生命力。我們先請園丁將麻繩和藤蔓卸下，然後再針對有問題的地方一個一個去療癒，在調整生命樹的過程當中，小美睡著了。

像小美這種情形並不少見，經常有個案在調整生命樹時會睡著，因為生命樹是對應到身體當前的狀態，會睡著就表示健康的確有些問題，可能是平常壓力太大，工作太忙碌，沒有讓身體適時的休息，這些狀況都會在觀元辰宮時顯現。

從元辰宮出來，小美說自己的氣管一直以來都不是很好，這裡剛好對應她在生命樹上看到的樹洞的位置，正是她喉輪的部位。

深入潛意識，觀照自身健康，透過看見與感覺讓我們可以及時察覺身體的微恙同時，也學會如何更愛惜自己，照顧自己。

個案三、身體不健康的原因，竟是因為害怕面對自己？

童年是很重要的時期，這個時期過得快不快樂決定未來的自己快不快樂，小然因為成長過程崎嶇，導致長大成人後的她很害怕面對自己，在人際關係上有重重的防衛心，不是那麼好親近的人。

在正式進入元辰宮之前，小然一度被濃濃的煙霧遮擋住，讓她一時之間感到恐慌，很擔心無法觀入。

經由老師耐心的引導，小然終於進去元辰宮了。她先到掌管運勢的大廳，一眼就望見有一尊和藹可親的土地公端坐在神桌上，手裡捧著一個碗，神桌下有一箱橘子，就協助她將橘子安置好。

小然來到廚房調整財運，之後又回到神桌前面，詢問土地公是否有話要交代？

但聞土地公慈祥又沉穩地說了一句：「不要害怕。」小然一聽，開始淚流不已，接著就從元辰宮出來了。

透過元辰宮的顯示，老師提醒小然注意腸胃和貧血的問題，小然訝異的表示自己是屬於吃什麼就拉什麼的體質，平時也的確很容易貧血頭暈，為此覺得很困擾。

老師指出了小然一心想證明自己有賺大錢的能力，但往往結果不盡人意，讓她很灰心挫折，父母也不看好她。

事隔多日，小然來信表示，在老師的調整下，她的腸胃狀況真的改善了許多，也不再那麼容易頭暈，更因為不時想起土地公對自己說的話，心理也變得更勇敢和堅強了。

個案四、那麼年輕的他，生命樹的樹葉都掉光了

生命樹可以看出一個人當前的健康狀態，阿東自覺最近的身體不太理想，先是打電話到「幸運女神事務所」瞭解後，才決定藉由觀元辰宮的方式改善健康問題。

阿東是帶著靦腆的笑意走進「幸運女神事務所」，他的個性內向中又有點憂鬱，年紀很輕，不超過二十五歲。他跟一般來觀元辰宮的個案一樣，很擔心自己觀不進去，老師先跟他解說了五感六覺，阿東這才比較放心。

隨著老師的引導，阿東成功進到了自己的大廳，從這裡老師就發現他有睡眠上的問題，便開始協助他做調整。接下來到花園，請他找生命之樹時，他猶豫了一下子，才確定自己的生命之樹就在眼前。

阿東見到生命樹覺得很失望，怎麼是一棵葉子都禿光的樹？跟自己想像中的

生命樹相差甚遠。老師幫助他調整他的生命樹，阿東眼睜睜看著他的生命樹從一片葉子都沒有，到慢慢長出綠色的葉子，比剛才要茂盛許多，整棵樹充滿了朝氣，阿東看得很開心。

從元辰宮回來後，老師開始替阿東解說他的元辰宮狀態。首先點出他是個防衛心很重的人，晚上睡覺易多夢，心臟有刺痛以及胸悶的問題。

阿東說這些狀況已經困擾他很久了，雖然曾就醫檢查，但結果卻顯示沒什麼大礙，這是因為他的生理狀態被心理影響，所以才檢查不出什麼。所謂心病還需心藥醫，阿東需要從內在去調理，這樣他的健康及睡眠才會改善。

透過這次觀元辰宮的體驗，阿東心中有股大石落地的感觸，既然知道自己的問題出在哪裡，他就會好好注意，並且確切執行老師交代的功課。

個案五、像花兒一樣愈開愈美麗：一個憂鬱症者的療癒路程

隨著社會的進步，科技的發達，現代人的生活壓力愈來愈大，有的人因此患上憂鬱、躁鬱，受情緒起伏折磨，簡直是苦不堪言。

剛好最近有一個叫小芬的個案，因自律神經失調，導致莫名地憂鬱和躁鬱，時常感到焦躁和恐慌，無法控制情緒，生活沒目標，不只自己感到困擾，枕邊人也不堪其擾。

小芬這是第三次來找老師代觀調整元辰宮，因為覺得前兩次調整完後效果不錯，情緒有比較平穩，所以又再回來鞏固元辰宮的能量。

進到小芬的元辰宮，發現她的神桌竟然沒有前面的兩隻桌腳，這個問題就大了，桌子只有兩隻桌腳怎麼會穩呢？老師就幫她處理好，再來看她的神桌上是供奉著文昌帝君，原本沒有供品，後來管家幫她放上了蓮霧、香焦、蘋果。

看完神桌上，接下來就要看神桌下有沒有什麼東西，結果桌下放著小鐘、大鐘和小劍，還有個小孩掛在神桌下，像盪鞦韆那樣晃來晃去。老師就問小芬是不是曾有過小孩？小芬說她曾經小產過，小孩不到三個月大，只是沒想到在元辰宮裡連這個都可以看得出來，覺得滿神奇的。

處理完神桌的問題，老師就進到她的主臥室，看見兩張單人床併在一起，床的周圍有兩雙鞋子平行放置。梳妝台的鏡子裡照映出小芬的愁眉苦臉，因為鏡子是內在的投射，這代表她現在的心情一點也不快樂，老師就開導她，幫助她走出情緒的低潮。

小芬的主臥室有一個衣櫥，打開來看發現衣服少的可憐，就幫她補上一些衣服，讓衣櫥不至於太空。看完主臥室，老師進到小芬的書房，書桌的椅子偏黑，就幫她換了一把椅子。小芬的花園緊鄰懸崖，花園裡有一男一女在兩側盪鞦韆，生命樹被柵欄圍著。

老師問小芬，是不是不太懂得安排時間，日子過一天算一天，好像有鬆散的感覺呢？又問她是否在人際關係上常會覺得自己和別人格格不入？小芬說她的確有這樣的狀況，每天都是千篇一律的生活，上班、下班、上班、下班，不知道自己的人生到底該做什麼？也不太會跟人相處。

之前幫小芬代觀元辰宮時，老師就有建議小芬可種植一些花來調劑身心。

小芬對園藝原本沒有多大的興趣，不過回去之後還是有試著去種花，結果沒想到愈種愈有心得，每天下班第一件事就是去看花長得好不好，她自己也因為將注意力放在種花這件事上面，對老公就沒那麼緊迫盯人，夫妻倆的吵架次數變少了，這些都讓小芬的丈夫感到不可思議。

小芬因為種花找到生活目標，連帶的心情也開朗許多，每天看著自己親手種下的花愈長愈漂亮，她就覺得好有成就感，日子不再枯燥乏味。現在她除了種花之外，最近還考上了碩士班，準備展開新生活了呢！

由於小芬的管家幫她放在神桌上的水果都是對血液循環和自律神經有幫助的，老師就提醒她可以多吃這類的水果。

其實有憂鬱或躁鬱症的朋友，除了配合醫師的指示吃藥外，也可搭配元辰宮的調整，兩者雙管齊下，往往能夠帶來意想不到的效果唷！

小芬這樣的個案絕對不是例外，只要是人難免都會有走到低谷的時候，人生總不可能永遠都處在高峰，我們要學會當烏雲罩頂時，該如何做才能守得雲開見月明。今天踏出的一小步，將有可能是改變你人生的一大步，為自己打氣吧！加油囉！

註：本個案文章執行老師為絲雨老師二弟子子霈老師。

個案六、守護神面帶愁容，這可大事不妙！

只要天氣一變，有些人的身體就會開始感到全身不舒服。這些病痛平時可能看不出來，也感覺不出來，但只要氣候一有變化，病痛就全跑出來。大家都知道擁有良好的健康才是人生最大的財富，這是實現物質財富的基礎，所以健康真的很重要。

絲雨老師曾經服務了一個大約 40 來歲的家庭主婦安雅，因為長期失眠前來諮詢。

安雅的元辰宮是秋季，一進去就看見滿天的楓葉在飛舞，她還有聞到一陣陣清新的花香。她的元辰宮外觀是二層樓的木屋，管家是一頭熊爺爺，穿著白上衣和藍色吊帶褲。

在元辰宮的世界，「管家」不一定是人的形象，也曾有個案的管家是一隻狗，或是精靈、恐龍等非人類的形象，當然也有可能是我們不曾想像過的樣子，這些在元辰宮都是可能出現的。

熊爺爺帶著安雅到大廳，主燈很亮，窗戶也都在正常狀態，倒是天花板有一些蜘蛛絲和幾個小黑點，老師協助打掃整理後，安雅的大廳就變得更加乾淨明亮了。然而她的神桌問題不小，元辰燈和光明燈的燈光都太微弱，神桌上和桌下也都髒亂，神桌還只有3隻腳，守護神面帶愁容，這可就有點糟糕了，老師馬上協助她調整。

後來花了一點時間才把神桌調整到適合的狀態，接下來請安雅到她的花園看生命樹和生命花。她的園丁是一名60歲左右的男子，生命樹非常高大，但樹葉有些都枯黃了，樹皮也略顯乾躁。

安雅的生命花是一株很小的香水百合，用有機土壤栽種著。從她的花園可知她的貴人運很好，而事實上也的確如此，她說在遇到困難時總會有人出手相助，她自己也不知道為什麼。

觀完元辰宮出來，絲雨老師就安雅元辰宮的整體狀況做出解釋，她說安雅是一個信心不足的人，容易在感情中感到自卑。此外她的個性多愁善感，愛鑽牛角尖，老是擔心著一些不可能或還沒發生的事情，身體上也要注意婦科、水腫方面的毛病，還有小心四肢的保養。

安雅覺得老師講解的很準確，她坦言自己有時候莫名就會難過，也很常在小事上糾結，雖然親友都勸她凡事要看開一點，但她就是沒辦法控制自己愛胡思亂想的毛病。另外健康方面也的確有水腫和婦科的毛病，還有不知從何時開始，她經常感到雙腳使不上力，膝關節在氣候更迭時會疼痛，尤其雨天更讓她痛到無法久站。

安雅自結婚後就不曾外出謀生，家裡的經濟來源全仰仗先生，幸好她娘家還算富裕，父母在她出嫁時給了她一棟房子作為嫁妝，弟弟妹妹也對她這個姊姊很照顧，因此基本上她不必擔心任何金錢上的問題。

既然生活物質不匱乏，家庭也很幸福美滿，安雅為什麼還會傷春悲秋的呢？原來在這段婚姻裡，她感到很自卑，她覺得丈夫不論外表或內在都很完美，而她卻那麼平凡，覺得自己好像配不上丈夫，她也常擔心丈夫會不會有一天不喜歡自己了，在外面有小三，這樣的自卑導致她胡思亂想，進而影響到她的睡眠品質。

其實在做元辰宮諮詢時，絲雨老師不僅協助客人調整，事後也要開導客人，有些人來諮詢，目的是希望有個人能聽他說話，這個時候諮詢師就扮演很重要的聆聽者角色，而老師也發現安雅之所以睡不好，原因就出現在她自己的個性上，所以老師就派了幾樣功課給她，讓她平日就多做一些運動，或培養一些興趣，別把自己封閉在家裡。

另外，從飲食上，絲雨老師也建議她可多吃蔬果，如果對烹飪有興趣的話，也能去上個烹飪班。安雅聽了之後，覺得自己平時待在家裡除了看電視，打掃一下環境，好像就沒其他事可做了，的確應該讓生活有目標比較好。

大約過了兩個月，安雅來電表示自從照著老師的建議去改變生活，她已漸漸不再杞人憂天了，失眠的狀況也改善了不少，尤其個性上變得更加開朗，這一點她身邊的親友都有明顯感受。

6. 考試

個案一、想考公職的人千萬不要錯過！元辰宮助你考運亨通！

擁有一份穩定的工作是大多數人的追求，有不少人因而投考公職，希望為未來增加一點保障。可是職缺就那麼幾個，報考的人卻有很多，要如何在眾多考生中脫穎而出，靠的不只有努力，還要有運氣。

很湊巧，幸運女神事務所服務了一個想考公職的男生，在老師的協助後，這位男生很順利地考上了夢寐以求的公家機關。

以下讓我們來看看他調整元辰宮的過程吧！

阿奇是個很用功的考生，但不知為何，無論怎麼努力就是考不好，時常讀書讀到一半就想找周公下棋，一覺醒來，睡前讀進去的東西就統統忘記，記憶很差，讓他很苦惱。

在別無他法之下，阿奇在考前的兩個星期來找老師調整元辰宮。

一進到阿奇的元辰宮，看見他的管家很像古代英國的侍衛，大廳很大，但四扇窗是緊閉著，大燈的樣式是風吹來會晃的吊燈，還有一架大鋼琴，牆上掛了一幅英國女皇的畫像，整體設計頗有英國風的味道。

老師就幫阿奇把吊燈和畫像處理掉，換上適合的擺設進去，也請管家把窗戶打開。接下來去看阿奇的神桌，發現他的神明廳在二樓，守護神是觀世音菩薩，神桌的顏色黑到發亮，但缺了一隻桌腳，所以不是很穩。神桌上有三盞燈，其中一盞很弱，這表示他的精神不是很好，就一併幫他把神桌換了並且調亮光明燈。

阿奇來觀元辰宮就是想增加考運，所以就來到掌管功名利祿的書房，一進去就看見一張書桌，雖然很穩但桌上很亂，有鉛筆盒、原子筆和疊的很高的書，就請管家幫他放一個書櫃好收納桌上的書。

這樣調整後他的思緒就會比較清晰，也比較能夠統整吸收進去的資訊。

另外他的椅子是會晃動和發出聲音的木椅，桌上還有一盞沒點亮的檯燈，書房裡還有一張床，床下很髒，廁所也不乾淨，這些問題也都幫他調整、處理。

阿奇之所以考運不佳，是因為書房的燈是燈管，這是煞氣的一種，會對考運腰斬，所以也幫他換上適合的燈。

接著幫他翻書，提醒他應該要多加強哪個科目，書裡還提到要注意哪個學者的理論、哪方面的考題，阿奇也都一一記下。

觀完元辰宮出來，老師提點他要注意身體，也指出他的血液循環不佳、負面能量濁度較高的問題。還有他的個性很像機器人，一個口令一個動作，偏向木訥、老實。

阿奇談到他的工作因為要輪班，所以很累，導致精神不好，而他也承認自己的個性真的就如老師所說，他說他會多注意身體，希望這次調整元辰宮後能一舉考上。

後來放榜，阿奇很高興分享了他考上公職的喜悅，老師當然也很開心有幫助到他。阿奇本來就很用功，因為元辰宮的書房有腰斬煞才令他考運不好，藉由這次的調整，總算讓他稱心如意了。

俗話說：「三分靠運氣，七分靠打拚。」有時候好像不管再怎麼努力，若缺少了點運氣也是不行，阿奇就是很好的例子。

還好阿奇已是雨過天青、海闊天空了，因為元辰宮的調整讓他如願以償，因為元辰宮的調整讓他時來運轉，因為元辰宮的調整讓他春風得意，阿奇的辛苦付出總算有了回饋。

但是，可別以為調整了元辰宮之後就可以高枕無憂哦！

「天助自助者，自助人恆助之。」

老天爺只願幫助那些上進的人，當一個人願意改變和幫助自己的話，其他人也一定願意幫助你。

個案二、元辰宮幫他實現了當公務員的願望！

一九六〇年代的台灣，民生狀況明顯改善，政府因應當時的趨勢，採取「工業取代農業」、「低廉工資代工」等經濟措施，讓出口大幅增加，最終達成經濟發展、物價穩定的雙重經濟目標，這也是台灣經濟起飛的開端。

由於當時的台灣正處在經濟週期四階段中的復甦，賺錢並不是太難的事，後來又來到了繁榮階段，更是「台灣錢淹腳目」，隨處都有就業或創業的機會，人們根本不用擔心找不到工作。

然而，幾十年過去了，台灣的經濟已呈現衰退走勢，這是經濟學上必然的現象，無論哪一個國家，勢必得經歷經濟週期的四個階段：繁榮、衰退、蕭條、復甦，這是一個經濟循環，雖然很現實，卻不得不面對。

近幾年，因為景氣不佳，就業需求大於供給，在這種供不應求的環境下，公務員就成了人人得而趨之的鐵飯碗了。

不過想考進公家機關也不是那麼容易，有的人十年寒窗依然名落孫山，有的人一年苦讀就金榜題名，更多人抱著一試的心態參與考試，其實大家為的是什麼？不就是想謀求一份穩定的工作罷了！

老師接受諮詢以來，就服務了不少為了考公職而來的客人，這次的個案阿明也是眾多考生中的一員，他希望透過打掃元辰宮，讓自己的考運變好，讀書時頭腦能更清晰，在下次的考試中能榜上有名。

進到阿明的元辰宮後，請他先到神桌的地方看一看，這一看還真不得了，他的桌腳竟然一長一短，讓端坐在神桌上的關公感覺起來有點搖搖晃晃。

讀過三國演義的人都知道，關二哥是義薄雲天的代表，一身正氣，手拿青龍偃月刀好不凜然，但是如果搭配上一張要晃不晃的神桌，那可真是有損關老爺的威風了。

不過阿明的神桌狀況還不只如此，他的桌腳還綁著黑繩，桌上的燈閃樂不明，桌下還有一隻散發著臭味又髒兮兮的小貓咪，懂門道的人一看就知道這絕對很有事，老師當然就協助阿明將神桌的部份調整到最好的狀態。

接下來就是掌管功名利祿的書房，阿明如果想考上公職，書房絕對是他要調整的重點之一。

阿明有一張深色的書桌，但是卻沒有一把可靠背的椅子，連扶手都沒有，只有一把四隻腳的椅凳。大家應該有吃過流水席的經驗吧？我們在吃流水席坐的那種圓形四腳椅凳就是阿明書房中的椅子。

一個要考公職的人坐這種椅子讀起書來怎麼會舒服呢？當然老師也協助阿明

換張適合他的椅子。

再來看看書桌上有什麼東西：有一面大鏡子、一本書。書本翻開有一個「佛」字，當阿明把手放在佛字上面時，他看到佛字散發出金色光芒，讓他感覺到被一股溫暖的能量包覆，剛好他最近身體感到很疲累，這道金光讓他有被療癒的感覺。

看完書桌再看天花板和牆壁，也是有些小問題，就一併協助阿明清理，當打掃完書房後，阿明說他的書房變得比剛開始進來時還要明亮許多。

離開書房，阿明來到後花園，他的生命樹周圍有柵欄，樹的右邊還有一座鞦韆，樹上掛著鈴鐺、貼著春聯和幾隻毛毛蟲，土壤的品質也不是太好，除此之外，還有幾隻小松鼠在他的生命樹上爬來爬去，儼然把阿明的生命樹當成遊樂場，玩得不亦樂乎。

生命樹關乎阿明的健康，看他的樹這麼凌亂就能知道他現在的健康不太ＯＫ，雖然對考公職的人來說書房很重要，但一個人若沒有健康，做任何事也是惘然。

幸好阿明經過這次的元辰宮大掃除，最後終於如願考上理想的公職，他開心，老師也開心。

註：本個案文章執行老師為絲雨老師二弟子子霈老師。

個案三、打造頂級考試運，國營企業筆試一次就通過

記得十幾二十年前，公家機關還只是個鐵飯碗的代名詞，國營事業也還只是穩定的工作，然而時代變遷，社會的腳步不斷往前推移，公務員已不是鐵飯碗，而是金飯碗，國營事業也不再是穩定而是人人爭破頭想考進去的美職，所以近年來，我們服務的個案有愈來愈多為考公職或國營事業而來的人，大家所求已不是大富大貴，而是安穩的薪資福利。

小喬有感現在的景氣不佳，想謀求一份安定的工作，所以她打算報考國營事業，但在那之前，她決定先來調整元辰宮加強考運。

一進到元辰宮，小喬感受到暖暖的陽光照射在自己身上，管家親自出來迎接她，帶著她走到一扇鐵門前，推開門進去便是元辰宮的大廳，大廳的主燈是日光燈，上頭纏繞著蜘蛛網。

來到神桌前，小喬的主神是九天玄女，桌上有一盤蓮霧，桌面有一些灰塵，一旁的窗戶微開。協助小喬將大廳和神桌做了整理，之後便去書房。

小喬的書桌很穩固，椅子也挺舒適，桌案上有三枝毛筆、一盞帶有灰塵的檯燈、一張白紙，將書桌上的物品歸放到適合的位置後，小喬感覺到書桌散發出光芒。

老師請小喬到她的書架，她看見架上有一本書發出亮光，抽出這本書翻閱，只見第一頁寫著「英文」二字，第二頁寫著「數學」，這是在提醒她要特別加強這兩個科目，尤其是數學更不能掉以輕心。

書房調整完後，小喬回到大廳，見到守護神九天玄女從原本嚴肅的表情變成有了笑容，她用喜悅的心情和玄女娘娘說話，說著說著卻不由自主地掉下眼淚。

小喬也不知道自己為什麼想哭，老師就解釋了原因，她這種想哭的心情就是一般我們所說的「會靈母」，意思就是當我們遇見了靈魂的母親，自然而然就會有落淚的衝動，通常會有這樣狀況的人，可能在平時習慣壓抑自身的情緒，遇到事情很難向人傾訴，只會悶在心裡，導致內心負面的情緒積壓太久，一旦遇到了靈母，整個人就會情緒大爆發，哭得一發不可收拾。

大哭一場後，小喬的心情好了很多，原本內心的鬱悶也雨過天青了，就像大雨過後，天空出現的彩虹，讓她整個人輕鬆了好多。

小喬是帶著愉快的心情離開的，之後過了一段時間，她來訊告知她的國營筆試已通過，老師很高興有幫到她，希望她接下來的工作一切順利。

小喬不是第一個因為打掃元辰宮而通過考試的個案，也不會是最後一個，幸運女神事務所有不少的客戶因為考試而來觀元辰宮轉運，老師們在元辰宮的領域自是有一定的專業能力，但是最重要的還是當事人的靈魂意願是否願意改變，否則老師即使有再高深的功力也愛莫能助。

個案小喬除了本身有意願改善現狀，當然她自己也非常的努力用功，元辰宮只是給了她一個方向，讓她知道自己哪方面要多下工夫。

其實元辰宮這個法門非常殊勝，當你對未來感到迷惘時，元辰宮可以指引你該怎麼走，又或者遇到感情習題時，在元辰宮裡也可以找到解答。如果有健康上的困擾，例如失眠、莫名的病痛，元辰宮也能找出原因。

註：本個案文章執行老師為絲雨老師二弟子子霈老師。

個案四、考運提升後，讓他通過公司內部升等考試

建豪是為了內部升等考試而來，在來之前他已參加過兩次考試，不過很不幸的是都只差一點點分數就能過關，他早就知道觀元辰宮很久，也自己在網路上做了不少功課，算是對元辰宮有初步瞭解，他見那麼多成功的案例，所以也想來試試，看能不能增加考運。

建豪的元辰宮外觀是很豪華的西式洋房，屋子前方是一塊大草皮，草皮上有花也有樹，他有兩個管家，一男一女，早在他進來時就已經等候在旁。

男管家帶領著建豪進到大廳，很意外地，他的大廳是走禪風，光線挺充足的，不時還有一陣陣的微風吹進來。管家將建豪的大廳打理的很好，不需要經過什麼調整，建豪走到神桌前，守護神是濟公，桌上有供品，只是元辰燈不太亮，請來管家幫忙調亮。這時建豪說他想再擺些鮮花，管家便替他弄了兩束百合花，分別放在守護神的左右前方。

來到書房，建豪有一瞬間什麼都看不到，他請管家幫忙打開大燈，這才看清書房內的擺設。

他的書桌是一般鐵製辦公桌，辦公椅還挺大，桌面很凌亂，有筆、紙、揉成一團的紙屑、書本、地球儀、信封，老師引導他做整理後，讓他去翻閱無字天書。天書告訴他應該在哪些科目加強，也提醒他該注意什麼，考試之前維持正常作息，不要熬夜讀書。

差不多一個半月之後，建豪回報他已經通過升等考試，還分享調整完元辰宮後，在讀書的時候特別有精神，記憶力變好，專注力更集中，而他也照天書的指示去加強應考科目，事實證明他的考運的確有改善許多，他真的很高興。

個案五、一個即將畢業的大學生，為報考公職而來觀元辰宮

小達就快大學畢業了，有感工作愈來愈難找，於是決定畢業後報考公職。他

是抱著純粹好奇的心情來找老師觀元辰宮，開始觀元辰宮之前，他跟其他人一樣都很擔心觀不進去，因為他之前有過觀落陰觀不下去的經驗，所以也怕觀元辰宮會遇到相同的問題。

老師先向小達解釋觀元辰宮是觀當下，不需要下地府，與觀落陰不一樣，所以請他不用擔心，只需依照五感六覺下去觀照即可。

小達一進到元辰宮便看見他的守護神站在蓮花之上，是一尊觀世音菩薩。守護神幫助小達修補了他的大廳，讓他的大運可以開展，接著又讓管家整理了神桌才去看書房。

書房內有一張桌子和一把搖搖欲墜的椅子，書桌上只有一盞亮度足夠的檯燈，其餘的只剩滿滿的灰塵。

協助小達補上一些文具用品以後，再去看大燈的狀況，結果竟然只有一顆很小的燈泡，暈黃的燈光根本無法照亮整個書房，就也幫他換新的。

接下來小達翻閱無字天書，天書給的提點非常明確，要他從現在開始準備考試，不要輕易放棄，只要有毅力是可以考上理想的公職。

天書的最後一頁還出現了幾句鼓勵的話語，並示現他未來的藍圖，讓小達知道自己的人生只會愈來愈好。

從元辰宮中回來，老師告訴小達是屬於那種小考總是考得好，但遇到大考就一塌糊塗的類型。

小達說從學生時代開始，他的成績真的就是這樣，這是因為他元辰宮中的書房缺少了某些元素的關係，現在都已將這些阻礙考運的情況去除，讓他可以安心地準備考試。

註：本個案文章執行老師為絲雨老師二弟子子霈老師。

個案六、擊敗眾多對手，考上理想的研究所

二十五歲的小莊是政治大學歷史學系研究部碩士生，曾於考研究所那年找絲雨老師觀過元辰宮。他自認小時候功課就是普普通通，到了國中也沒變得愛讀書，後來就讀了一所普通的縣立高中，大學本來念花師，但念了半年就去重考，最後考上了私立東吳大學歷史學系。

從這一路讀來，所讀的學校不是一般社會上所稱的名門大學，甚至連邊也沾不上，但他自小就很喜歡歷史，就學以來唯獨歷史念得特別勤勞，平時也是歷史類的書籍不離手，深怕一天不讀歷史就會面目可憎。

面對競爭激烈的研究所考試，要從那麼多台大、政大、師大等國立大學學生競爭當中脫穎而出，爭取頂尖大學研究所的名額，小莊感到力不從心和恐懼不安。這個時候，他的姊姊告知他觀元辰宮可以幫助他，勸他姑且試一試。

小莊跟大多數人一樣是採取半信半疑的態度，但轉念一想，去看一看也沒什麼不好，便決定請老師幫忙代觀。

透過電話，老師講述了小莊元辰宮內的狀況，才說沒幾句就讓小莊驚訝不已，因為老師所說的每一件事都很準確。老師幫小莊調整書房內書桌、燈、椅子等問題，增加他的考運。

最後特別提醒他要勤奮用功，不能只想著靠他人幫助就不去努力，或是只想不做，光說不練，有這種心態的話是不可能考得上研究所。

或許是調整元辰宮起了作用，原本沒什麼信心的小莊，突然信心十足，他擬定了讀書計畫，戒掉玩遊戲的習慣，平時除了運動就是念書。就這樣一年後，終於考上了清華大學和政治大學的研究所。小莊為此很感謝絲雨老師的幫忙，讓他在增加信心之餘，還帶來了考運。

捌 絲雨老師的話：

夢想會實現，就會去實踐。

天市
天廚
艮
丑

捌　絲雨老師的話：夢想會實現，就會去實踐。

1. 多年服務心得

我是觀元辰執行師，同時也是心靈諮詢師，觀元辰宮這項服務，說它能看盡人生百態實在不為過，月有陰晴圓缺，人生難免也有悲歡離合，大部份來找我的人，不是心中有事，就是生活中出現了難題，不知該怎麼作答，而我的職責就是傾聽並給予適合的建議。

有一位讓我印象深刻的個案，她來找我是為了想從父親那裡得到更多愛。親子關係跟愛情一樣，都是人生的一大課題，「天下無不是的父母」這句話或許現在已不適用，每個人在每一個階段所經歷的事都可能是人生的第一次，理所當然就不知道如何做好為人父母該盡的本份，沒有人是天生的父母，即使是天資再聰穎的人，在一開始也會手忙腳亂，更何況是沒有天分的人呢？

我的這位個案很年輕，她來自一個挺富裕的家庭，她的父親是一個商人，養了許多小老婆，而她是其中一個小老婆所生養的子女。因為兒女人數眾多，她的父親自是照顧不暇，經常不自覺就忽略了她。不過我想應該不是只有她被忽視，其他子女的待遇應該也好不到哪裡去。

個案一來就直接表示想要父親能注意到她，給她多一點錢花用，我就照她的意願替她調整了元辰宮，隔沒多久，她捎來好消息，說她的父親不但開始對她噓寒問暖，還每個月給她一筆錢隨她支用，我聽了自然是替她開心，因為她終於得到了期望已久的父愛。

從事觀元辰宮服務是一件很快樂的事，原因在於當我收到個案和學員的回饋時，得知他們因為觀元辰宮讓自己的運勢更順利，因願望圓滿達成而帶來喜悅，當下就覺得能藉由觀元辰宮幫助到別人，這讓我感到很滿足和歡喜。

但是，從事觀元辰宮服務也是一件很辛苦的事，因為我不能讓自己原地踏步，必須不斷督促自己往前、往前、再往前，我得去充實內在，從各方面去進修，加強自身的學識涵養，再將這些所學與元辰宮結合，繼而衍生出一門我特有的傳承方法，讓所有來學習的人可以簡單吸收，而不是上完五天的課卻什麼也聽不懂。

我也曾遇過擺明了是要來踢館而來觀元辰宮的人，那位個案一來什麼也不說，也不願意配合我請他做的事，還要由我代勞，這也沒關係，這樣鐵齒的客人不是第一個，也不會是最後一個，我早已司空見慣了。在整個觀元辰宮結束後，我開始對他解說，並一一指出他不曾言明的一些事，這位個案聽了之後，由原本的雙手抱胸，斜睨著我，到正襟危坐，很仔細聆聽我給他的建議，這個時候他才總算卸下心防，願意真心與我交談。

面對這樣的情況，起先我是很尷尬的，不過時日一久，接觸的客人多了，歷練也夠了，我這才慢慢適應。這樣的經歷是多數觀元辰宮執行師會遇見的，像我的弟子當中，有年紀輕輕就當上了觀元辰宮執行師，最早期時總是會有客人質疑她的能力，認為她太年輕一定沒辦法解決問題，幸好時間是留給有實力的人去證明的，現在的她也逐漸累積起口碑，對於這一點實在令我欣慰。

在我的認知裡，服務不單單只有個案諮詢，元辰宮授課也是一種服務。每次的開課就是一場全新的相遇，我永遠不知道這期的課程會遇上哪些人跟我碰撞出火花，就拿某一屆的課程來說，其中有一個學員表達能力很好，也很有想法，問題雖然多了一點點，不過那堂課有他的存在還真是「熱鬧」不少。

從個案變成學員再到觀元辰宮執行師，這樣一個進階的過程我自是非常樂見，我本就以傳承為目的，將元辰宮帶到人群中，利用所學貢獻於社會，試著站在他人的立場，去設想對方的處境，給予客人最需要的服務，以將心比心的態度做好每一次的服務，不僅提升了客人的價值，也提升了自我的修養，客人滿載而歸，我也受益良多，這樣的服務才有真正的意義。

服務等同學習等同收穫，這是我最喜歡的比喻。我的服務付出的不只是品質，送出幸福和幸運一直以來是我想要傳達的，我希望不論是個案或學員，皆能從我這裡獲得這些，再將之一代一代薪傳。

2. 警世叮嚀

夢想會實現就會去實踐；夢想若不實踐就不會實現。

這不是繞口令，只是要告訴大家，做就對了。

我有夢想，你有夢想，每個人都有夢想，但不是每個人都能實現夢想，原因是什麼？夢想太大了，實現不了，所以不願意去實踐？亦或是沒有意願去實踐，所以才不能實現？

人總是那麼輕易被現實打倒，光陰的流逝，歲月的蹉跎，讓夢想愈來愈小，當某天回頭一望，後悔了也彌補不了消失的時間，人就已經老。

多麼殘酷的事實，卻好像是每個人的寫照。

其實為什麼無法實現夢想？因為我們習慣了自我設限，將自己圈在一方小天地之間，告訴自己做不到，所以不要白費力氣，安於現狀比較不危險。

不過你可曾思考過，自己不是不行，只是不敢而已。

有一個將近五十歲的中年人，他從小的夢想就是彈鋼琴，這個中年男子思索著自己都快五十歲了，再不快點實現夢想人生恐怕就這麼蹉跎掉了，於是他開始很積極地找鋼琴老師學習。

起初鋼琴老師見他已有了年紀，也直言不諱地告訴他就算學了成效恐怕也不彰，畢竟人的年紀有了，手指頭的靈活度不比小孩子，學習起來肯定是有影響的。但是他不退縮，不管結果如何，打定主意就是要學彈鋼琴。

學彈鋼琴的過程很辛苦，尤其他對五線譜根本是有看沒有懂，還得從頭學習如何看譜，在學看譜的同時還要把手指落在對的琴鍵上面，他承認他學得很慢，也學得很挫折，可是憑藉著對鋼琴的滿腔熱血，再苦也願意熬下去。

不要以為他是閒來沒事才能跑去學彈琴，錯了！這位中年男子一年要去大陸出差好幾趟，回到家也不能閒著，得幫老婆把持家務，還要照顧小孩，工作已經佔了他大部份的時間，但他竟然為了學琴，花大錢買了一架鋼琴不說，還每天固定抽出半小時練琴，真不得不讓人佩服他的毅力。

終於，經過兩年的學習，他可以彈出幾首流暢的音樂，在一次公司的尾牙聚會上，他上台演奏了一首周杰倫的青花瓷，當優美的樂曲似流水般傾瀉而出，全場一片鴉雀無聲，聆聽著音符在他指尖上跳動的震撼。

相處了這麼多年，同事們都知道他對鋼琴一竅不通，當大家還在以為他不過是想娛樂演出，博眾人一笑時，他卻驚豔了全場，讓每個人對他刮目相看。

一曲終了，歡聲雷動，掌聲如雷，他流下了欣喜的淚水，因為他做到了對自己的承諾，他終於實踐，也實現了這輩子僅有的夢想。

其實夢想並非只能是夢想，如果是會實現的夢想，你就會去實踐。

如果是不會實現的夢想呢？就不要實踐了嗎？

讀過《向宇宙下訂單》這本書嗎？我們內在的信念會傳達到宇宙，宇宙接收後再回饋給我們，也就是說，你想要什麼，宇宙就給你什麼，你想要失敗，宇宙自然就只給你失敗。

當自己打從心底覺得不會實現，那夢想就真的不會實現，可想而知，我們又怎麼會去實踐呢？人的信念有無限的力量，當你認為不可能，它就是不可能，但你認為可能，它就已經是可能了。

我的夢想是什麼呢？它又實現了嗎？

坦白講，我已經沒有夢想了。

因為我的夢想已經在實踐了，所以它不是夢想，是事實。

自信是成功的基礎，這股發自內在的信心將決定我們成與敗，夢想並非遙不可及，你認為可以，宇宙就會給你可以。

夢想會實現就會去實踐，大家也來一起實踐夢想吧！

3. 期許培養幸福小衛星

若有人問我，為什麼會走上元辰宮傳承這條路？我只能這麼說：因為時機到了。

一場重大事故開啟了元辰宮與我之間的契機，復健之路雖不長，但也不短，痊癒後的我自覺有義務將這個法門傳遞出去，我先從宮廟服務做起，經驗累積到一定程度，幸運女神事務所就應運而生。

初期的元辰宮授課有一定的名額限制，也並非只要報名就能夠學習，還要經過一番篩選才能進得了教室。後來限制拿掉了，名額也放寬了，我們採取有教無類的方式，讓有意願的人皆有學習的資格。

薪傳是一項重責大任，既然身負教導的職責，就要確保學生們在課堂上吸收的知識是正確的，所以我的授課是輕鬆中帶有嚴謹，歡笑中帶點淚水，在五天的課程結束後，學員們不僅收穫滿滿，還能脫胎換骨。

傳承的目的無非是希望有愈來愈多人來學習，並且一代又一代的薪傳下去，就像孫悟空有許多猴子猴孫，我也希望未來會有許多徒子徒孫遍布在世界各地。眾所周知我目前在台灣及大陸、新加坡、香港等地開班授課，有些人非常有心，不遠千里慕名而來，就是為了上這五天的元辰宮課程。

如果那些外國學員在回國之後，有潛心修習這項法門，並且通過我的審核，那麼就可以造福身邊的親朋好友，自己獲益的同時也利益他人，成為一顆幸福小衛星，這才是學習元辰宮的核心宗旨。

當然若只是把它當成內觀的好工具，也是可以的，我不強迫每個學員要有我這樣的程度，要把傳承視為己任，純粹用來調理自己的身心也並無不可。元辰宮其實很有趣，就算只有利益自己，在時間的堆疊下，旁人自然會看出你的變化，這個變化只會好不會壞，久而久之，即使你不說，別人也會好奇的詢問，而你也不過是抱著分享的心情訴說，一傳十，十傳百，這樣的方式也是傳承的一種。

培養幸福小衛星是我一直以來努力的目標，元辰宮傳承至今年即將邁入第十八屆，想一想時間似乎一晃眼就過去了，檯面上也已經栽培了幾個可以獨當一面的老師，心情甚是欣慰。

元辰宮是一種內觀心法，也是認識自我的法門，如何在喧囂社會中覓得一方淨土，就是回歸最原始的自己，重返最初起源，修練自我的心靈。你看看那些得道的高僧和道者，似乎在他們的臉上捕捉不到歲月的痕跡，時間不管過去多少年，依然年輕。

為什麼在不藉助外力的幫助之下，還能保有青春長駐？

只有一個原因：心無塵，顏自清。

人一旦心無雜念，心境自然開闊，臉上自是笑口常開，容光煥發。

要做到心淨就需要往內自觀，元辰宮正好方便我們行事。

我想傳承的不只是一個法門如此簡單而已，我還要傳遞幸福和幸運，教導大家在擁有幸福和幸運之時，還知道如何將之流傳下去，這是最終的目標，也是自我期許。

4. 感謝的話

人生沒有用不到的經歷，這句話用來形容我最恰當不過。

若不是因為那場車禍，我也不會與玄女娘娘有更密切的連接；
若不是因為自幼的靈性經驗，我也不會如此快速地走出創傷；
若不是對生命的鍥而不捨，我也不會一步一腳印的走到這裡；
若不是曾經遭逢低谷，我也不會無所畏懼的站上今日的高峰；
若不是親友的相伴和體諒，我也不會心無旁騖的去衝刺事業；
若不是只因為對信念的堅持，我也不會創立幸運女神事務所。

我的生命由許多的若不是刻劃而成，
我很感謝那些年，陪伴我撐過風風雨雨的家人和朋友們，
若不是因為有他們，我也不會是現在的鍾絲雨。

作家張小嫻說：上帝拿走了你一樣東西，說不定是把更好的給你。

荀子也曾說：不登高山，不知天之高也；不臨深谿，不知地之厚也。

而我會說：曾經的失去是為了成就日後的更多。

每個人的生命軌跡不盡相同，有的人是康莊大道，有的人是崎嶇山路，我認為走什麼樣的道路都沒關係，重要的是在行經的路上看見了什麼樣的風景，有了什麼新體驗，我們從中又得到了什麼體悟和感受，這才是最值得品嚐的。

我的人生雖不至於命運多舛，但也至少足夠讓我體會和學習了許多事。二〇〇七年的重大車禍是一個危機，也是一個轉機，在這場事件之後我感受到恐懼、驚慌、無助、難過，不過幸好我還有能夠扶持我的親友，所以我活了下來。

我覺得老天爺讓我經歷這一段必有祂的用意，當時的我怎麼也沒想到我會因為這樣而成為一個助人的老師，正是因為我有過相似的痛苦，才能去體會每個前來找我的客戶的痛楚。我知道該用什麼樣較平和的方式去引導客人，而非照本宣科，很制式化的去做諮詢，這樣做出來的服務會顯得沒有溫度和感情，客人的心靈也不容易得到釋放。

我在《親愛的，你很好：那些年我和 PTSD 相處的奇異之旅》這本書有提到那段車禍的經歷和治療的過程，這讓我明白同理心的重要性，所以現在不管是觀元辰宮或其他服務，我會站在當事人的立場去感受他的心情，我希望個案從我這裡得到的不只是指引，還有溫暖。

受傷的人最需要他人的關懷，哪怕只是一句簡單的問候，都能起到溫暖人心的作用。

所以我很感謝在我困難時給予過我溫暖的人，謝謝你們的付出，才能幫助我走出創傷。

我也感謝無怨無悔陪伴著我的家人，謝謝你們的關愛，才能讓我一步步地堅強起來。

我還要感謝我的弟子們，謝謝你們的信賴，才能讓我的元辰宮法門順利傳承。

我要感謝所有支持我的人，謝謝你們的愛戴，才能讓我有動力繼續往前。

最後要感謝正在翻閱本書的你，謝謝你願意走進元辰宮的世界，希望閱讀完本書後，讓你對元辰宮有進一步的瞭解。

世界雖然充滿了苦難，不過也請相信，相對的解決之法必然存在。希望與絕望，快樂與痛苦，皆是一體兩面，我們無法預期災難何時降臨，但我們可以決定在困難中以何種心情前行。

我選擇了勇敢和堅持，所以我才能在這裡。現在，我想將這份幸福傳遞下去，許各位一生幸運的未來。

靈擺次元概念

國家圖書館出版品預行編目資料

心靈風水—觀元辰宮入門/鍾絲雨著.
第一版——臺北市：宇河文化 出版；
紅螞蟻圖書發行, 2018.11
面 ； 公分－－(零度空間；21)
ISBN 978-986-456-305-0（平裝）

1.靈修

192.1 107016852

靈度空間 21

心靈風水：觀元辰宮入門

作　　者／鍾絲雨
發 行 人／賴秀珍
總 編 輯／何南輝
文字整理／學員春天
校　　對／周英嬌、鍾絲雨
美術構成／引子設計
出　　版／宇河文化出版有限公司
發　　行／紅螞蟻圖書有限公司
地　　址／台北市內湖區舊宗路二段121巷19號(紅螞蟻資訊大樓)
網　　站／www.e-redant.com
郵撥帳號／1604621-1　紅螞蟻圖書有限公司
電　　話／(02)2795-3656（代表號）
傳　　真／(02)2795-4100
登 記 證／局版北市業字第1446號
法律顧問／許晏賓律師
印 刷 廠／卡樂彩色製版印刷有限公司
出版日期／2018年11月　第一版第一刷
　　　　　2022年 1 月　　第二刷(500本)

定價280元　港幣94元

ISBN 978-986-456-305-0　　Printed in Taiwan